島を介した大陸との交流ドラマ

　古代より、日本と大陸は島づたいに交流を続けてき

　魏の使節は対馬、壱岐を通って、邪馬台国をめざした。『魏志倭人伝』の記述は、古代の人々が海の流れと風を読み、島から島へと渡って、交流していたことを物語る。ここに「一支国」として登場する壱岐の“原の辻”は、唯一王都であることが特定された遺跡だ。

　日本はいつの時代も大陸の動きを注視しながら、友好の証、海外情勢の把握、先進的な知識や技術の摂取など、さまざまな目的で使者を送り続けた。遣隋使や遣唐使は国の威信を背負って船に乗り込み、命がけの渡航に臨んだ。行く先々の島で詠まれた和歌は、当時の人たちの精神世界をよみがえらせる。遣唐使（南路）の最後の寄港地となった五島には、命を賭して日本最果ての地を去る旅人たちの望郷や家族への思いが刻まれている。大陸に最も近い対馬は、常に朝鮮半島の情勢に目を光らせていた。親善関係を保つために、ひと役果たしたのが朝鮮通信使であり、対馬を治めていた宗氏がその舞台裏を支えた。

　一方で、海を介して国境と接する島は、戦いの最前線でもあった。対馬や壱岐には防人が置かれ、二度にわたる「元寇」では、対馬や壱岐、松浦半島に甚大な被害を出した。鷹島沖で沈んだ元の船が、双方の戦いの悲惨さを今に伝える。また、豊臣秀吉は、大陸進出の足がかりとして島に拠点を築き、朝鮮へ出兵した。近代に入ると、海を睨むように砲台が設置され、その跡が今も残っている。

海の恵みと島の自然が生み出した独特の文化

　島の自然は豊かで美しい。海に囲まれた島という空間で生活をする人たちは、自然を細やかに観察しつつ、その恩恵を受けながら、ともにたくましく生きてきた。自然に対する畏怖や感謝は自然の神々への素朴な信仰を育て、島の人たちの営みを支えてきた。今でも、島に残る祭りや風習にその一端を垣間見ることができる。また、西海に浮かぶ島々は日本有数の捕鯨の拠点として栄え、日本の民俗文化の一ページをつくりあげた。

　島の役割を語るとき、海を生活の場としてきた海民や水人、倭寇の存在は重要である。2017年4月、「国境の島　壱岐・対馬・五島〜古代からの架け橋」が日本遺産（Japan Heritage）に認定された。

年代	1000		B.C.	A.D.						500		
中国	殷	周 秦	前漢	新 後漢	魏呉蜀	西晋	東晋 五胡十六国	南北朝			隋	唐
朝鮮半島		三韓（馬韓・弁韓・辰韓）					三国（高句麗・百済・新羅）				新
日本	縄文	弥生				古墳					飛鳥	

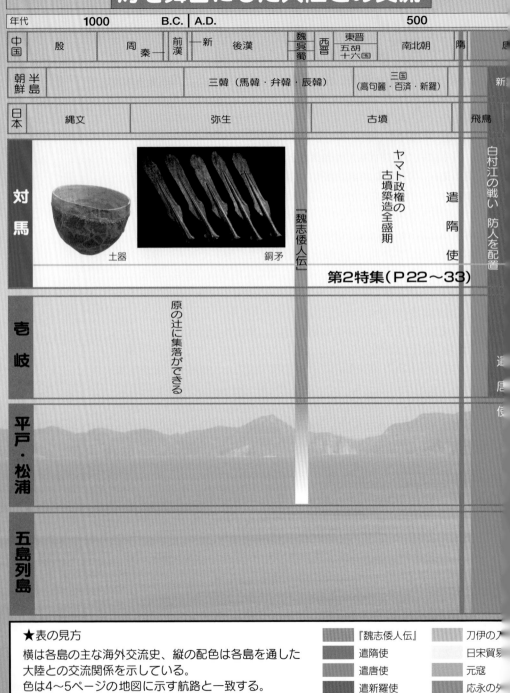

対馬

土器　銅矛

『魏志倭人伝』

ヤマト政権の古墳築造全盛期

遣隋使

第2特集（P22〜33）

白村江の戦い　防人を配置

壱岐

原の辻に集落ができる

遣唐使

平戸・松浦

五島列島

★表の見方
横は各島の主な海外交流史、縦の配色は各島を通した大陸との交流関係を示している。
色は4〜5ページの地図に示す航路と一致する。

『魏志倭人伝』	刀伊の入
遣隋使	日宋貿易
遣唐使	元寇
遣新羅使	応永の

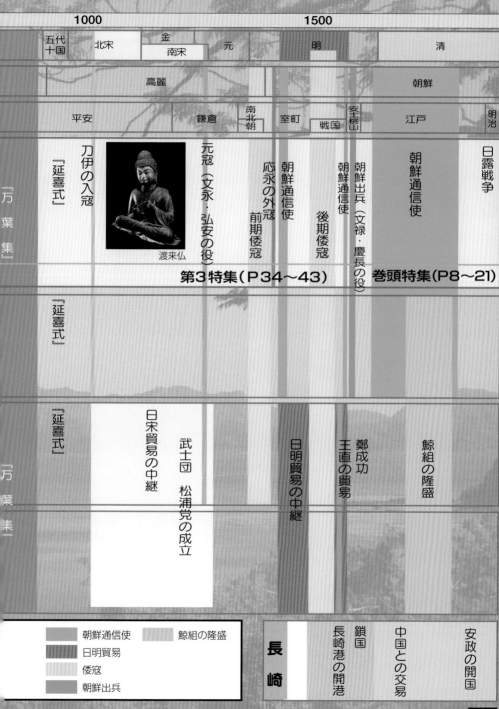

	1000		1500		

五代十国 ・ 北宋 ・ 金 / 南宋 ・ 元 ・ 明 ・ 清

高麗 ・ 朝鮮

平安 ・ 鎌倉 ・ 南北朝 ・ 室町 ・ 戦国 ・ 安土桃山 ・ 江戸 ・ 明治

『万葉集』

『延喜式』　刀伊の入寇

渡来仏

元寇（文永・弘安の役）

応永の外寇　前期倭寇

朝鮮通信使

後期倭寇

朝鮮通信使

朝鮮出兵（文禄・慶長の役）

朝鮮通信使

朝鮮通信使

日露戦争

第3特集（P34〜43）　　**巻頭特集（P8〜21）**

『延喜式』

『延喜式』

日宋貿易の中継

武士団　松浦党の成立

日明貿易の中継

鄭成功　王直の貿易

鯨組の隆盛

『万葉集』

凡例	
朝鮮通信使	鯨組の隆盛
日明貿易	
倭寇	
朝鮮出兵	

長崎　　鎖国　長崎港の開港　中国との交易　安政の開国

3

海の道－歴史の航路図－

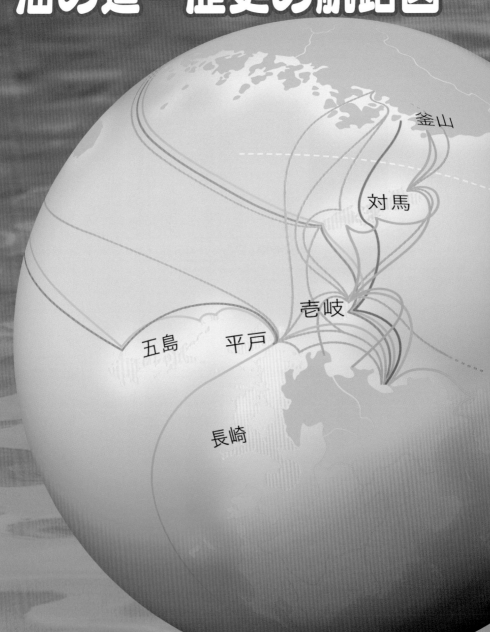

釜山

対馬

壱岐

五島　平戸

長崎

TSUSHIMA DATA

島の概要

東西　約18km
南北　約82km
面積　約708.66km²
・佐渡、奄美大島に次いで第3位
・約9割を山林が占める
海岸線　915km
韓国釜山までの距離　49.5km
海の国道／国道382号は、対馬〜壱岐〜唐津と、海を渡ってつながる道路

佐須奈
比田勝港
上県町
上対馬町

対馬市

峰町

三根

豊玉町

仁位

浅茅湾

美津島町

雞知　対馬空港

厳原町

厳原港

対馬へのアクセス

✈　飛行機
長崎空港→対馬空港　オリエンタルエアブリッジ(ORC)で35分
🖥 オリエンタルエアブリッジ　☎0957-53-6692
🛥　ジェットフォイル
博多港(福岡市)→厳原港 ……………………九州郵船で1時間45分
博多港(福岡市)→壱岐経由→厳原港 ………九州郵船で2時間15分
博多港(福岡市)→厳原経由→比田勝港……九州郵船で2時間55分
🚢　フェリー
博多港(福岡市)→壱岐経由→厳原港………九州郵船で4時間35分
博多港(福岡市)→比田勝港………………九州郵船で5時間20分
博多港(福岡市)→壱岐経由→厳原港 壱岐・対馬フェリーで4時間50分
博多港(福岡市)→厳原経由→比田勝港 壱岐・対馬フェリーで7時間30分
🖥 九州郵船　☎092-281-0831
🖥 壱岐・対馬フェリー　☎092-725-1162

対馬島内の移動時間(車)

厳原港—対馬空港 ……………………………………約20分
対馬空港—比田勝港 …………………………………約1時間45分
比田勝港—佐須奈 ……………………………………約13分
佐須奈—三根 …………………………………………約50分
三根—仁位 ……………………………………………約15分
仁位—雞知 ……………………………………………約40分
雞知—厳原港 …………………………………………約15分

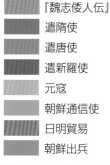

『魏志倭人伝』
遣隋使
遣唐使
遣新羅使
元寇
朝鮮通信使
日明貿易
朝鮮出兵

対馬の文化交流の変遷

永留　久惠　対馬「芳洲会」顧問　　*Nagatome Hisae*

原始時代からあった文化交流

　およそ1万年前、アジア大陸と日本列島を繋いでいた対馬陸橋が水没して対馬海峡となり、対馬は南北に長い地塁島*¹となった。その頃の遺跡からは西北九州の縄文土器や松浦の黒耀石などが出土しているが、越高遺跡（上県町）では韓（朝鮮）半島南東部の隆起文土器や櫛目文土器が見られる。その縄文文化が韓半島南海の沿岸にまで達し、または櫛目文土器が壱岐を経て松浦にまで及んでいる。これが文化の交流を示す最古の資料だが、海峡の両面に居住した海民らが季節（漁期）によって互いに移動していた可能性を示唆している。

　縄文後期になると、北太平洋漁具といわれる結合式釣針や回転式離頭銛が出土し、北海産の貝殻で作った呪具や糸魚川（新潟県）流域の硬玉（ヒスイ）とみられる呪具もある。一方、南海産の貝殻で作った呪具や潜水漁法を職業としたとみられる人骨もあることから、当時この海峡に北洋系海民文化と南洋系海民文化が共存していたことは疑いない。

　それに石鋸や石銛など狩漁具が多いなか、日本列島にはいないキバノロ*²の牙で作った呪具があるほか、日本では最古の鹿笛があるのも、大陸系ではないかとみられるが、その系統は不明といわれる。以上のしだいで東シナ海と日本海を通じ、大陸と列島を結ぶ対馬海峡は東西南北の接点で、ツシマはまさに交流の「津島」であった。

古来の文化交流

　縄文社会の末期、水田稲作が中国から韓半島を経て（あるいは直接に）伝来したが、これを運んだのは越族*³と倭族・韓族の海民で、縄文人と混血して弥生人となる。これが『魏志倭人伝』に「倭の水人」と呼ばれたもので、弥生社会は水田稲作を基幹産業としていたが、対馬には良田がなく、海物を食して自活し、船に乗って南北に市糴（交易）したことを特記している。

　このことは対馬に関する史料の初見として有名だが、水田が全くなかったのではない。初期の稲作に用いられた韓系の石器や無文土器と共に、北部九州の板付式土器を出土した遺跡が数カ所あり、韓半島西南部と北部九州の両方に通じていたことを示している。

　なお弥生後期には、対馬の海商が楽浪郡まで通交したことを示す史料があり、対馬の船は先進地で得た金属器や土器を倭国の中央に運んだものとみられている。そのなかの貴重品が弥生墳墓に副葬されている。

　また対馬に伝承された古代米の「赤米」の耕作儀礼と関わる年中行事が、中国少民族（苗族*⁴など）の文化と通じるものが多いこと

*1　地塁島／断層崖で形成された島
*2　キバノロ／朝鮮半島や中国の長江流域に生息するシカ科の動物
*3　越族／中国の長江中流以南に住んでいた民族
*4　苗族／中国の貴州省、雲南省、四川省に住んでいた少数民族
*5　呉音／6世紀の中国の南朝で読まれた漢字音読み

が、現地の調査で分かったとき、倭人の文化が東シナ海の向こうに通じていたことを認識した。

　さらには、インドに発した仏教が日本へ伝来した時の伝として、大江匡房が著した『対馬国貢銀記』に、百済の尼僧が対馬に来て呉音*5で経を読んだことから、呉音の読経を「対馬読」と称したことを記載している。

異文化との習合

　対馬には北魏仏一躯と百済仏二躯、新羅仏十数躯と多数の高麗仏がある。そのほかには、京都や大宰府辺りからきた仏像と、稚拙な自作の対州彫と呼ばれる仏像が伝承されているが、なかには神社の神躰とされている例もあって、神仏習合を象徴しているが、これは異文化交流の典型ともいえる。仏の高遠な教理は識らなくても、これをカミともホトケとも称し、敬虔に礼拝したところに神仏習合の意義がある。

　ここで対馬の文化史を一瞥して感じることは、活力ある明るい時代と、無気力な暗い時代が繰り返されてきたことだ。前者は「南北市糴」の海外交流が盛んだった時代、つまり弥生時代、室町時代などがあり、後者はその逆で、これには中央政権の政策により海外通交を制約されたり、禁止されたりした時代として、平安朝中期や徳川時代などがあった。徳川時代は朝鮮外交で通信使のセレモ

朝鮮半島三国時代の金銅仏である銅造菩薩立像（法清寺蔵）

ニーを演出したことで有名だが、実は日朝貿易には幾多の制約が決められていて、自由貿易ではなかった。

　このように対馬では光と影の時代を繰り返しながら、海外との文化交流が続いていった。長崎県で国指定重要文化財が一番多いのは長崎市だが、次いで二番目に多いのは対馬市であり、どちらも国際交流の歴史を伝える貴重な遺産である。

朝鮮通信使を迎えた 日本の窓口
日朝外交を支えた対馬藩の奮闘

島原の乱以降、江戸時代の日本は幕府の方針により、いわゆる「鎖国」政策を強化した。そのため海外に開かれた日本の窓口は、対馬、長崎、松前、薩摩（琉球）の四つに限られることとなる。

対馬藩は、朝鮮との外交交渉や貿易の窓口であった。豊臣秀吉の朝鮮出兵によって断絶した日本と朝鮮の国交回復に奔走し、友好の証である「朝鮮通信使」を迎える際の重要な役割を担って、朝鮮貿易における藩の立場を守った。対馬から壱岐へと渡り、江戸へ向かう華やかな朝鮮通信使の行列。その影には、日朝関係の継続に尽力した対馬藩の苦悩と奮闘があり、藩財政の活路を朝鮮交易に求めざるをえない悲喜こもごもの物語が存在する。「朝鮮通信使」は2017年10月「世界記憶遺産」に登録が認定された。

朝鮮通信使 行程路（第9回目・1719年）
[〜〜〜〜〜船路 ——陸路 （ ）は現地名]

朝鮮国信使絵巻（長崎県対馬歴史研究センター蔵）

18世紀の東アジア

日本			対馬	朝鮮	中国
室町	戦国	1550			
	安土桃山		宗義智、対馬島主となる(1579) 朝鮮の使節が来日(1590) 清水山城を築く(1591) 文禄の役 宗義智、朝鮮に出兵(1592) 慶長の役 宗義智、朝鮮に再出兵(1597)		明
		1600			
	江戸		江戸期最初の朝鮮通信使来日(1607) 慶長条約(己酉約条)を結ぶ(1609) 柳川一件起こる(1635) 正式に朝鮮通信使と称される(1636) 万松院を金石山のふもとに移す(1647)		朝
		1650	金石城を築く(1669) 釜山草梁に倭館落成(1678) 雨森芳洲、対馬藩に出仕(1689)		
		1700	対馬国絵図が完成(1700) 朝鮮国訳官使船、鰐浦沖で遭難(1703) 雨森芳洲と新井白石の論争起こる (1711)	鮮	清
		1750			
		1800	易地聘礼 対馬での国書交換(1811)		

朝鮮国信使絵巻 正使部分（長崎県対馬歴史研究センター蔵）

参考資料　対馬歴史年表（長崎県対馬歴史研究センター発行）

第1章

日朝のかけ橋 朝鮮通信使

対馬が取り持った友好の歴史

朝鮮は、鎖国体制下で幕府が正式に外交関係を結んだ唯一の外国であった。両国の修好を目的とし、朝鮮国王の国書を日本の徳川将軍に届ける使節のことを「朝鮮通信使」といい、幕府は国内に威信を示すため、国家的行事として一行を迎えた。「通信」とは信義を通わすという意味である。

朝鮮国信使絵巻（部分 国書をのせた轎[かご]）

朝鮮国信使絵巻（部分 先頭の「清道」旗）

朝鮮国信使絵巻（部分 製述官）

朝鮮国信使絵巻（部分 楽隊）

通信使の記録『海游録』

『海游録[かいゆうろく]』は9回目の通信使に、製述官[せいじゅつかん]として随行した申維翰[シンユハン]の記録。製述官とは公式文書作成や日本人と漢詩文の交換などをする人のこと。一行が対馬の佐須奈などを経て府中（厳原）に到着した様子や、そこで藩主の歓迎儀式に迎えられて、3週間滞在したのち、藩船の先導で壱岐に向かったことなどが記されている。

製述官の日本観察記

『海游録』には、日本の自然・風土・風景のほか、筆者申維翰と雨森芳洲の交流、行く先々でのできごとなどが記されている。一行の宿泊先に多くの日本人学者や文化人が詰めかけてきたこと、使節一行の行列をお祭り騒ぎで見物する日本人の様子などが詳しく描かれ、当時の日本観察記として興味深い内容である。

対馬藩の懸命な努力で国交回復　朝鮮通信使の再来

室町時代の日朝関係はおおむね良好で、朝鮮は室町幕府の足利氏を「日本国王」と認め、正長元年（1428）以来、数度にわたり正式な使節団を派遣した。これが朝鮮通信使のはじまりである。しかし、豊臣秀吉の朝鮮出兵（文禄・慶長の役）で国交が断絶し、通信使も中断してしまう。両国の国交回復に懸命だった対馬藩の努力が実り、宗氏の要請で通信使が再開したのは慶長12年（1607）のことであった。江戸時代、日本は約200年のあいだに12回の使節を迎えている。

「回答兼刷還使」から「通信使」へ

江戸時代に朝鮮から日本に送られた12回の使節のうち、最初の3回は「回答兼刷還使[かいとうけんさっかんし]」とよばれる。再開された派遣は、朝鮮側にとっては日本の国書に対する回答のため、また、朝鮮出兵の際に日本へ連れ去られた人々を連れ帰るためであった。

4回目以降は、新将軍就任の祝賀を主な目的とした使節で、名称も「通信使」とされた。将軍が死去すると、幕府老中の指示を受けた対馬藩が朝鮮に使者を送って、代替わりを伝えた。

資料はすべて長崎県対馬歴史研究センター蔵
Ⓣ 対馬観光物産協会提供

朝鮮通信使Q&A

Q1 朝鮮通信使の規模と人数はどれくらい?

A 使節一行の総勢は300人から500人にものぼった。メンバーは官僚のほか、朝鮮を代表する多くの学者や文化人など。外交面だけではなく、文化交流の面においても大きな役割を果たした。その案内・警護には対馬藩約800人をはじめ京都、大坂、江戸などの道中に諸藩から2000人以上の人員を動員。それに水夫・人夫、馬、曳航船などを加えると膨大な人数と経費が投入されたといわれる。

朝鮮通信使来日一覧

[ ]大坂留

回数	年	人数(人)	徳川将軍
1	1607(慶長12)	467	秀 忠
2	1617(元和3)	428[78]	秀 忠
3	1624(寛永元)	300	家 光
4	1636(寛永13)	475	家 光
5	1643(寛永30)	462	家 綱
6	1655(明暦元)	488[103]	家 綱
7	1682(天和2)	475[112]	綱 吉
8	1711(正徳元)	500[129]	家 宣
9	1719(享保4)	475[109]	吉 宗
10	1748(寛延元)	475[83]	家 重
11	1764(明和元)	472[106]	家 治
12	1811(文化8)	336	家 斉

Q2 日本各地での滞在期間はどれくらい?

A 対馬藩は、釜山まで船で使節を迎えに行き、対馬の佐須奈や西泊などの港を経由して府中(厳原)まで案内した。府中から江戸までは、藩主の宗氏が警護・随行して往復し、5〜8か月の月日を要している。1回の通信使の対応のため、前後3年間は準備や後処理に時間を費やしたというから、一大イベントとしての力の入れようがわかる。

Q3 使節一行の順列はどうなっていた?

A 順列や規模は時々で異なるが、『海游録』の記述によると、先頭は「清道」旗で、楽隊、国書をのせた轎[かご]、正使・副使・従事官の輿[こし]、上々官・製述官・医員・書記の籠[かご]がつづき、そのあとに上官・次官・中官の一団がつづいた。一行の前後には日本人の人夫や各藩の警護の役人がついていた。行列の絢爛[けんらん]さに見物の日本人は驚き目をうばわれたそうだ。長崎県立対馬歴史民俗資料館に残る「朝鮮国信使絵巻」で確認できる。

Q4 使節をもてなした食事はどんなもの?

A 長崎県立対馬歴史民俗資料館に興味深い「朝鮮通信使饗応料理絵図」が収蔵されている。各藩が使節をもてなす食事は、幕府の通達で形式や献立があらかじめ決められていた。朝夕は七五三の膳。昼は五五三の膳。七五三の膳とは一の膳に七色、二の膳に五色、三の膳に三色の料理をつけるという意味。しかしこれは形式的なもので、実際には三汁十五菜の料理が出された。各藩は地方特産の地酒を出してもてなした。

朝鮮通信使饗応料理絵図(部分)

対馬で使節に出された食事(『海游録』より)

佐須奈	飯、葱[ねぎ]、芹[せり]、青菜、豆腐、鮮魚
豊浦	諸白酒[もろはくしゅ]、生梨、熟梅、蜜、蓮根[れんこん]
府中(厳原)の西山寺	飯、羹[かん]、菜、魚、果物

Q5 最後の朝鮮通信使は?

A 使節の応接には日本側の負担が大きかった。文化8年(1811)、12回目の朝鮮通信使は日本側の財政的な理由から、江戸ではなく対馬で応接し国書を交換した。これを「易地聘礼[えきちへいれい]」という。その後は政治的・財政的な理由で見送られ、結果的には対馬の易地聘礼が最後の朝鮮通信使となった。

Q6 いま、対馬で朝鮮通信使を見ることができる?

A 毎年8月におこなわれる「対馬アリラン祭り」で、色鮮やかな衣装を身にまとった朝鮮通信使の行列が再現される。祭りには韓国の人々も参加し、現代の日韓交流を進めながら、当時の壮大な歴史絵巻が繰り広げられる。『海游録』によれば府中(厳原)に上陸した使節は、隊列を組んで宿泊先の西山寺[せいざんじ]に向かい、中堂に国書を安置したという記述がある。

対馬アリラン祭り①

参考文献 『長崎県の歴史』(山川出版社) 『図説 長崎県の歴史』(河出書房新社) 『長崎県と朝鮮半島』(長崎県教育委員会)
『海游録 朝鮮通信使の日本紀行』申維翰(平凡社/東洋文庫252) 『FUKUOKA STYLE』Vol.3(福博綜合印刷/星雲社)
『長崎県文化百選 壱岐・対馬編』(長崎新聞社) 『宝の島対馬』(長崎歴史文化博物館2008)

第2章 対馬宗家の果たした外交復活劇

藩存亡をかけた講和工作の舞台裏

豊臣秀吉の朝鮮出兵で日本と朝鮮の国交は断絶し、朝鮮交易に藩財政を頼ってきた対馬藩は存亡の危機に立たされることになった。窮地に陥った対馬藩は、秀吉の死後、ただちに藩の生き残りをかけて、国交回復と朝鮮通信使の再来実現のために奮闘をはじめた。

宗義智の肖像画(万松院蔵)

宗義智の墓(万松院宗家墓所)①

時代に翻弄された宗義智と妻マリア

朝鮮出兵で疲弊した対馬藩再建のために、途絶えた日朝国交回復に努め、和平工作に奔走した宗義智。義智はキリシタン大名 小西行長の娘マリアを妻に迎え、一時期、自らも洗礼(洗礼名ダリオ)を受けた。しかし関ヶ原の合戦で西軍についた行長は戦死したため、運命が一変し、2人は離縁。義智は領土安堵のため徳川方に恭順を示した。

現在厳原の万松院には義智の墓があり、八幡宮神社内に妻マリアを祀る社がある。

秀吉の朝鮮出兵と対馬の苦悩

　織田信長の死後、全国統一を果たした豊臣秀吉は、明遠征の準備に入った。足場として壱岐に勝本城、対馬に清水山城を築き、いわゆる「唐入り」のため、朝鮮に対して国内の通行と道案内を要求した。その交渉を担当したのが、当時、朝鮮貿易を独占していた対馬の宗氏であった。しかし、秀吉の要求を朝鮮側が受け入れるはずもなく、間に立った宗義智は対応に苦慮した。朝鮮が自分の方針に従わないと判断した秀吉は、大軍を動員して、制圧する方針を固めた。宗義智も参戦した秀吉の朝鮮出兵は、文禄元年(1592)の文禄の役から慶長2年(1597)の慶長の役まで続き、翌年、秀吉の死によって日本軍が撤退し終了した。こうして朝鮮との国交は途絶えたのである。

　その直後から、国交回復を求める対馬の使者が何度も朝鮮へ派遣された。朝鮮貿易を独占してきた対馬にとって国交を回復できるかどうかは死活問題であった。しかし秀吉の朝鮮出兵による影響は大きく、朝鮮側の日本への不信感から交渉は難航。やがて中央政権の実権が徳川家康に移り、国交回復の機運が次第に芽生えはじめたのである。

清水山城跡／天正19年(1591)、朝鮮出兵時に築かれたといわれる。軍事的備蓄基地にあたる兵站[へいたん]線の駅城①

ここぞチャンス！　宗氏がとりもった国交回復

　慶長7年(1602)、朝鮮は対馬へ使者を派遣した。翌々年には、家康の意向を直接確認するために、民間人である松雲大師惟政が遣わされ、慶長10年(1605)、彼は伏見で家康・秀忠と対面して国交回復の意向を聞いた。このとき、朝鮮王朝と徳川政権の間をとりもったのが、対馬藩主 宗義智と重臣の柳川調信・智永父子、僧景轍玄蘇らである。対馬藩は藩存亡をかけて日朝国交回復の仲立ちをおこなうのである。

偽造された朝鮮国王国書(京都大学総合博物館蔵)Ⓚ

外交僧玄蘇(西山寺蔵)①

幕府の朝鮮外交機関「以酊庵輪番制」

柳川一件以後、幕府は外交文書の作成業務をおこなう外交僧を、京都五山から輪番で対馬に赴任させることにした。彼らは外交僧玄蘇や弟子の規泊玄方[きはくげんぽう]が居住した以酊庵[いていあん]にそのまま暮らしたため、この制度を「以酊庵輪番制」といった。輪番制には、対馬藩の朝鮮外交を幕府が監視する意味も含まれていた。

西山寺(厳原町)は以酊庵跡で、朝鮮通信使一行の宿泊所でもあった。

対馬藩必死の工作! 国書の偽造と改ざん

朝鮮側からの国交回復の条件として、日本から先に国書を送ることが示された。先に国書を送ることは朝鮮への恭順を意味し、家康がそれに応じる訳がなかった。そこで宗義智のもと、柳川父子と玄蘇は国書を偽造し朝鮮へ送った。さらに慶長12年(1607)、朝鮮の使者が江戸城で将軍秀忠に朝鮮国王の返書を渡す際、先に偽造国書を送った返書とばれないように、「奉復」を「奉書」と書き直す改ざんや朝鮮国王印の偽造などをおこない、当日綱渡りの国書すり替えをおこなったのである。これら必死の工作は、すべて朝鮮との貿易を再開するためであった。以後も対馬藩は、偽造と改ざんというかたちで双方の妥協点を探りながら合意を生み出す仲介役を演じ、実質的には朝鮮貿易の独占を維持したのである。

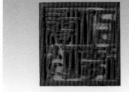
朝鮮国王の偽造印「為政以徳印」(九州国立博物館蔵)Ⓚ

以酊庵跡(西山寺)①

弟子の規泊玄方(西山寺蔵)①

玄方と南部藩

外交僧 規泊玄方は、柳川一件で南部藩南部(盛岡)に流罪となったが、藩主 南部重信[なんぶしげのぶ]との逸話が残る。重信は青年時代に、藩城下の庵に住んでいた玄方と出会い、学問の師とあおいだ。玄方は対馬藩に仕えた頃に外交僧として朝鮮へ渡った経験を生かし、南部に高麗ぐるみの木や清酒の醸造法などをつたえたといわれている。

対馬藩のお家騒動! 「柳川一件」

寛永12年(1635)、対馬藩主宗義成を追い落とそうとした有力家臣の柳川調興[しげおき]が、藩による国書偽造と改ざんの繰り返しの実態を幕府に訴えた。この事件を「柳川一件」という。調興は藩主の処分を引き出そうとしたが、将軍 徳川家光の裁定により調興が処分され、一応義成の勝利に落着した。しかし藩主側から処分者も出て、この事件以後、対馬藩による国書偽造・改ざんは困難になった。

参考文献 『長崎県の歴史』(山川出版社) 『図説 長崎県の歴史』(河出書房新社) 『長崎県と朝鮮半島』(長崎県教育委員会) 『海游録』(平凡社／東洋文庫) 『FUKUOKA STYLE』Vol.3(福博綜合印刷／星雲社) 『長崎県文化百選 壱岐・対馬編』(長崎新聞社) 『書き替えられた国書』田代和生(中公新書)

第3章

対馬藩、雨森芳洲を迎える

「誠信の交隣」の精神をつらぬいた朝鮮外交

対馬藩の対朝鮮貿易は17世紀中ごろから後半にかけて最盛期を迎えたが、以後、下降傾向に陥った。そこで対馬藩では朝鮮外交の体制を維持するために、藩外から儒学者の雨森芳洲を採用したのである。彼は「互いに欺かず。争わず、真実を以て交わる」という誠意と信義の外交を信条とした国際人であった。

語学堪能、卓越した国際人

雨森芳洲は寛文8年(1668)、近江国雨森村(滋賀県高月町)の医者の家に生まれた。17歳のときに江戸で木下順庵[きのしたじゅんあん]の弟子となり、新井白石らと儒学を学んだ。22歳のとき順庵の推挙で対馬藩に儒官として仕え、文教・外交・政治・経済など藩の発展に貢献した。芳洲は朝鮮語はもちろん、長崎で学んだ中国語も堪能で、それぞれの国の事情や立場を尊重する国際人であり、朝鮮通信使の応接になくてはならない人材であった。

韓国大統領が讃えた芳洲

平成2年(1990)に来日した盧泰愚[ノテウ]韓国大統領が、宮中晩餐会の答礼の言葉の中で、朝鮮の玄徳潤[ヒョンドギュン]とともに雨森芳洲の「相互尊重」の外交姿勢を讃えた。

密陽市にある玄徳潤の墓(左の円形墓。徳潤は1711年の第8回朝鮮通信使派遣の際、訳官として来日し日朝親善につとめた⑭

対馬藩に再び潤いをもたらした朝鮮通信使

対馬藩は柳川一件を乗り越え、実質的には朝鮮貿易の独占を続けた。幕府も朝鮮とのあいだに対馬藩が介在することは外交上都合がよかった。対馬藩は、朝鮮国王の使者である朝鮮通信使を将軍に会わせるため江戸まで同行し、藩役人は幕府と使者とのあいだに入って、外交事務の手続きや取次ぎ、儀礼上の行き違いなどによるトラブル処理を誠実におこなった。幕府にとっても対馬藩のはたらきはかけがえのないものだったのである。江戸時代に12回遣わされた朝鮮通信使は、対馬藩に貿易面や文化面で大きな繁栄をもたらした。

「誠信之交隣」碑①

体制維持の切り札「雨森芳洲」登場!

対馬藩は藩財政の生命線である朝鮮外交の体制を維持する目的で、関係の記録文書整理や保管をおこなう「朝鮮方」を設置し、制度の見直しや理論化をすすめるために、元禄2年(1689)、藩外から儒学者の雨森芳洲を採用した。芳洲は対馬藩の外交方針として「誠信の交隣」を提唱する『交隣提醒』をまとめ、通訳の朝鮮通詞の養成にも尽力した。芳洲は「互いに欺かず、争わず、真実をもっての交わり」と方針を説き、朝鮮外交と友好親善につとめたのである。

⑤埼玉県白岡町教育委員会提供　⑭長崎歴史文化博物館蔵　⑭仁位孝雄氏提供　①Inaho撮影

雨森芳洲肖像画(滋賀県伊香郡高月町保管)

新井白石肖像画Ⓢ

「日本国大君」か「日本国王」か? 雨森芳洲 vs. 新井白石

　正徳元年(1711)、8回目の朝鮮通信使来日のとき、雨森芳洲は同門で幕臣であった新井白石(あらいはくせき)と王号問題をめぐり、論争を展開した。白石は朝鮮への国書に徳川将軍を「日本国大君」から「日本国王」に変えて記すことを提案・実行し、朝鮮通信使の応接儀礼(待遇)の簡素化を図ったが、芳洲は外交上儀礼に反すると反対した。結局このときの「日本国王」の記載は朝鮮王朝の反発を招き、使節関係者が処罰されたため、次回の国書は「大君」に戻すこととなった。

　また、朝鮮への輸出銀の制限に関する経済論争など、芳洲と白石の論争はその後もつづいた。朝鮮との交易による藩の財政維持と幕府の財政維持との立場に分かれて、政治生命をかけた激しい"同門対決"はおこなわれたのである。

朝鮮通詞養成の入門書が大学の教科書に!

　鎖国時代の朝鮮の情報は、倭館を通して対馬藩から江戸へ報告された。倭館には「六十人[ろくじゅうにん]」という特権商人出身の朝鮮通詞(通訳)が常駐した。雨森芳洲は通詞の養成に力を注ぎ、入門書「交隣須知[こうりんすち]」をつくった。これは明治半ば頃まで広く使われ、初期の東京外国語大学でも教科書として使用された。

漂流朝鮮人の収容先は対馬藩蔵屋敷

　朝鮮通詞の駐在先には倭館のほかに長崎があった。対馬以外の日本全土に漂着した朝鮮人はまず長崎に送られ、本国送還までのあいだ対馬藩蔵屋敷に収容され、長崎奉行所で尋問を受けた。その取り調べのため、通訳として対馬藩から朝鮮通詞が派遣されていた。対馬藩は釜山の倭館や長崎の蔵屋敷を利用して、情報収集や商業活動をおこなっていたのである。

『朝鮮商人と水夫』(シーボルト『日本』より)Ⓗ

1828年3月、長崎の対馬藩蔵屋敷をオランダ商館医シーボルトが訪れ、収容中の朝鮮漂流民と面会した。

対馬藩蔵屋敷
(『新刻 肥前長崎図』部分)Ⓗ

参考文献　『長崎県の歴史』(山川出版社)　『図説　長崎県の歴史』(河出書房新社)　『長崎県と朝鮮半島』(長崎県教育委員会)
『海游録』(平凡社／東洋文庫)　『FUKUOKA STYLE』Vol.3(福博綜合印刷／星雲社)
『長崎県文化百選　壱岐・対馬編』(長崎新聞社)

第4章

幕府公認の海外拠点「倭館」

「宗家文書」が語る交易の繁栄

宗氏が日朝の国交復活や朝鮮通信使の再来日実現に向け奔走した大きな目的のひとつに、「倭館（和館）[*1]」を設置し交易をおこなうことがあった。倭館は鎖国時代に幕府が許可した例外的な海外機関である。宗氏が残した膨大な藩政史料「宗家文書」から、朝鮮外交や倭館貿易などによる繁栄ぶりをうかがい知ることができる。

現存する膨大な藩政史料「宗家文庫史料」

寛永年間(1624〜1644)から幕末までの約240年にわたる藩政史料が残っている。これら「宗家文書」は藩の公式記録としての古文書であり、中世から家々などにつたわる古文書（家文書）とは区別される。宗家文書のうち長崎県立対馬歴史民俗資料館が所蔵する約7万2000点の文書群を「宗家文庫史料」という。宗家文書は現在国内外6カ所の機関に保管され、総数は10万点を超えるといわれる。

伊能忠敬も絶賛！「対馬国絵図」

宗家文庫の内容は、藩政の日記や記録のほか、絵図類も約600点残されており、当時を知る上で貴重な史料である。絵図の中には草梁の「倭館絵図」や元禄10年(1697)に幕府の命で作成した「対馬国絵図」があり、長崎県立対馬歴史民俗資料館に収蔵されている。周囲を海に囲まれた島の測量作業は当時困難を極めたと思われるが、絵図完成から13年後に対馬を訪れた伊能忠敬[いのうただたか]一行も絶賛したほど、精密な出来栄えであった。

〈対馬国絵図の大きさ〉
縦374.6cm×横175cm

宗家文庫史料

宗家文庫史料の朝鮮刊本『訓蒙字会』

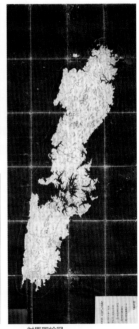

対馬国絵図

草梁倭館の広さは出島の約25倍！

　日朝の国交が正常化し、朝鮮と対馬の貿易のために結ばれた慶長条約(己酉約条)〈慶長14年(1609)〉によって、日本側使節の宿泊や貿易の拠点となる倭館が、朝鮮半島の釜山に設置されることになった。最初に設置されたのは釜山鎮の豆毛浦[トゥモポ]だったが、狭く不便であるとして延宝6年(1678)に竜頭山付近の草梁[チャリャン]に新倭館が設置された。建設にかかる費用は朝鮮の負担であった。草梁倭館の敷地面積は約10万坪(33万m²)で、長崎の出島の約25倍、唐人屋敷の約10倍に相当する。豆毛浦倭館から454名の日本人が移転した。

＊1　倭館（和館）／宗家の史料には「和館」と記されている。
＊2　丁銀[ちょうぎん]／銀貨または銀塊。
資料はすべて長崎県対馬歴史研究センター蔵

「倭館絵図」 全体と西館と東館の部分

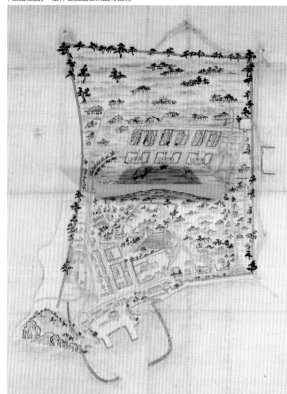

草梁倭館の西館（部分拡大）

草梁倭館の東館（部分拡大）

空前の活況！　対馬藩だけに許された倭館貿易

　鎖国時代、日本人の海外渡航は禁止されていたが、対馬藩だけは倭館へ渡ることを許可されていた。倭館を通した貿易は対馬に大きな利益をもたらした。また対馬藩の石高（こくだか）の2割から3割は倭館からもたらされる朝鮮米であり、対馬は倭館貿易に依存していた。17世紀末の一時期には、対馬藩は倭館貿易で空前の活況を呈し、対馬の古文書に「西国一の長者」と記されるほど莫大な利益を得ていたのである。

「倭館絵図」でよみがえる暮らしぶり

　草梁倭館の景観図である宗家文庫の「倭館絵図」には、外交使節の客館が置かれた西館や、対馬藩の役人や商人が暮らした東館などが詳細に描かれている。当時は500人から1000人の日本人が居住したといわれ、東館には寺や神社があり、朝市が開かれ、医者が常駐し、酒屋、そば屋、炭屋、豆腐屋など店も出て日本人町を形成していた。図の中心に描かれている山は竜頭山で、現在釜山タワーがある竜頭山公園である。

長崎貿易を上回った 倭館の銀輸出

　倭館貿易の輸出の中心は丁銀[2]や銅、輸入は白糸や絹織物などであった。とくに倭館に運ばれた日本国内の高品質の丁銀は朝鮮に輸出され、さらに中国・北京へ運ばれるなど、倭館の交易ルートとして果たした役割は大きかった。
　17世紀末には銀輸出で長崎貿易を上回っていた時期もある。当時、日朝貿易における銀の輸出は幕府により制限されていたが、対馬藩では制限の2倍から4倍の取引をおこなっていた。長崎貿易とは別ルートとして「銀の路」とよばれるなど、東アジア交易ネットワーク構築の一翼を担っていた。

参考文献　『倭館―鎖国時代の日本人町』田代和生（文春新書）　『近世日朝通交貿易史の研究』田代和生（創文社）
『対馬からみた日朝関係』鶴田啓（日本史リブレット41／山川出版社）　『長崎県の歴史』（山川出版社）
『図説　長崎県の歴史』（河出書房新社）　『長崎県と朝鮮半島』（長崎県教育委員会）

対馬藩十万石の風情と文化を体感！
城下町"厳原"の歴史散歩

厳原は古代から府中・府内とよばれ、行政の中心であった。文明18年(1486)に宗氏の館が佐賀(峰町)より移転し、対馬の行政・文化の中心となる城下町として栄えた。宗氏館跡や石垣塀で囲まれた武家屋敷跡、朝鮮通信使ゆかりの場所など、格式ある十万石の城下町の風情と文化にふれながら歴史散策を楽しもう。

対馬市
厳原町

桟原城跡
対馬消防署
藩校日新館門
桟原
宮谷
西里　清水山
清水山城跡　武家屋敷跡
屋敷塀・防火壁
日吉台公園
382
対馬地方局
対馬高
保健所
宮谷郵便局
ふるさと情報対馬館　万松院
対馬南警察署
旧金石城庭園　市民体育館
長寿院
金石城跡　対馬南警察署
雨森芳洲の墓
対馬博物館　八幡宮神社
厳原小
長崎県対馬歴史研究センター　令屋敷
中村
鶴翼山　対馬市役所
天道茂
宝満山　誠信之交隣の碑
国分寺
以酊庵跡　西山寺
後山
久田道　光清寺
厳原郵便局
朝鮮通信使客館跡
金比羅神社
田淵
海岸寺　厳原大橋　修善寺
東里
宝福院　24　陶山訥庵の墓
漁火公園
久田　大手橋
大手橋
飯盛山
志賀ノ鼻
フェリー発着所
間島
対馬藩お船江跡　厳原港
対馬いづはら病院
久田浦

石垣塀に囲まれた武家屋敷・城下町跡 ①

厳原は対馬藩十万石の格式ある城下町で、武家屋敷が並んでいた。江戸時代初期から屋敷を囲む石垣塀が築かれたが、現在、宮谷地区を中心に家老屋敷跡などが残っている。石垣塀は易地聘礼のときにさらに美しく整備されたといわれる。石垣塀はいたる所で見られ、厳原の景観を形づくる"顔"的存在である。

さすが十万石の格式！ 万松院 ①

対馬宗家の菩提寺。広大な敷地に宗義智以降の歴代の藩主、正室、側室などの立派な墓が並ぶ。山門は桃山様式。本堂には朝鮮国王から贈られた三具足[みつぐそく]や徳川将軍家の位牌などがある。

☎0920-52-0984　拝観時間:8時～18時(12月～2月は17時)
無休　拝観料:大人300円　高校生200円　小・中学生100円

朝鮮通信使一行の宿泊所 以酊庵跡（西山寺）

西山寺は外交僧玄蘇や弟子の玄方が居住した以酊庵跡。朝鮮通信使の宿泊所にもなった。『海游録』には西山寺は当時新築で食事が出されたなどの記述がある。

朝鮮通信使や対馬の歴史を知るならここ！ 対馬博物館　長崎県対馬歴史研究センター

対馬の歴史遺産である朝鮮通信使、各遺跡出土品、渡来仏、対馬宗家文庫、民俗などの関係資料を収蔵・展示している。「朝鮮国信使絵巻」「倭館絵図」は必見！

☎0920-52-3687　開館時間：9時～17時　無料
休館日：毎週月曜と年末年始　※文書の閲覧は要事前連絡

朝鮮出兵の痕跡！ 清水山城跡

天正19年（1591）、朝鮮出兵に備え築かれたといわれ、肥前の名護屋、壱岐の勝本と上対馬の撃方山を結ぶ兵站線の駅城。歴史に翻弄された対馬を物語る石積の遺構である。

対馬藩に尽くした 雨森芳洲の墓

長寿院［ちょうじゅいん］にある、対馬藩に仕え朝鮮外交に尽力した雨森芳洲（1668-1755）の墓。相手国を理解し尊重する外交姿勢はいまにつながる。

「対馬聖人」陶山訥庵の墓

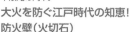

対馬生まれの訥庵（1657-1732）は藩の郡奉行として農政に心血を注ぎ、「対馬聖人」と称された。「生類憐みの令」発令中にもかかわらず、農作物を荒らしていた島内の猪を10年かけて追い詰めた殲猪［せんちょ］事業は有名。木下順庵の門下。

大火を防ぐ江戸時代の知恵！ 防火壁（火切石）

石垣塀の中にはひときわ高いものがあるが、これは防火壁で火災の類焼を防ぐための石垣。石垣には築造年月日が刻まれている。

天守閣がない城！ 金石城跡

寛文9年（1669）に宗義真［そうよしざね］が築いた城で、天守閣はない。大手の櫓門［やぐらもん］は平成2年（1990）に復元された。

「殿様の池」とよばれた旧金石城庭園

地元の人々に「殿様の池」として知られていた金石城の庭園。発掘調査によりその遺構の全容が明らかになり、平成20年（2008）から公開されている。

☎0920-52-5454　休園日：火・木
開園時間：9時～17時
（受付時間16時30分まで）　見学料：一般300円　小・中学生100円

聘礼式のため新設された朝鮮通信使客館跡（国分寺）

徳川家斉［とくがわいえなり］の将軍就任を祝う聘礼式［へいれいしき］を府中でおこなうにあたり、文化4年（1807）、国分寺に朝鮮通信使の客館が新設された。山門は当時のまま残っている。

築堤の石積が特徴！ 対馬藩お船江跡

寛文3年（1663）に造成された藩船を格納するお船屋の跡。貴重な遺構である築堤の石積が残っている。満ち潮、引き潮で景観が変化する。

宗義智の妻マリアを祀る 八幡宮神社

境内に対馬藩主宗義智の妻マリアとその子どもを祀る社［やしろ］がある。旧暦の8月15日には八幡宮大祭がおこなわれ、島民の祭りとして賑わいをみせる。

朝鮮通信使と琉球使節

深瀬 公一郎 長崎歴史文化博物館研究員　*Fukase Koichiro*

絵巻に描かれた「行列」の姿

　宝永7年（1710）から翌年にかけて、徳川家宣の将軍襲職を祝賀する外交使節で江戸の町は賑わっていた。琉球王府からは168人の琉球使節が、そして朝鮮王朝からは500人の朝鮮通信使が、それぞれ華麗な「行列」を組み、江戸の民衆の見守る中を江戸城へ向かった。このような朝鮮通信使・琉球使節の「行列」の姿は、対馬藩・薩摩藩によって制作された絵巻に記録画として描かれることがあった。

　朝鮮通信使の「行列」は、露払いの清道旗を先頭に、朝鮮国王のシンボルである形名旗、国書・贈与品、そして輿に乗った正使・副使・従事官と続く。楽隊を引き連れたその威風堂々とした「行列」の姿は、朝鮮王朝の権威を海外の日本にまで示すものであった。一方、琉球使節の「行列」も、旗のあとに楽隊、正使・副使が続いた。

　絵巻のなかで、正使・副使など身分の高い者は「唐装束」を着し、その他の琉球人は「琉装」をしている。このような琉球使節の装束は、古琉球以来の外交使節の装束であり、慶長14年（1609）に島津氏の軍事侵攻を受けた後も、独自の王権を維持していることを日本に対して示すものであった。朝鮮通信使・琉球使節は、自国の権威を「行列」の姿で具象化しながら、江戸にやってきていたのである。

将軍の「御威光」と朝鮮通信使・琉球使節

　朝鮮通信使・琉球使節の華やかな異国衣装の「行列」は、沿道の民衆たちを魅了した。遠方から「行列」の見物に訪れる者も多く、わざわざ朝鮮通信使・琉球使節の宿泊所を訪ね、書の揮毫を求める者もいた。海外渡航を禁止されていた民衆にとって、朝鮮通信使・琉球使節は、「異国」の文化と接する貴重な機会だったのである。

　徳川将軍にとっても朝鮮通信使・琉球使節の来日は重要な意味を持っていた。「異国」からの華やかな「行列」の姿は、徳川将軍の「御威光」が広く海外まで響いていることを、

1710年（宝永7）の琉球使節の行列を描いた「琉球中山王両使者登城行列」（部分）（国立公文書館蔵）

諸大名そして民衆に示す絶好の機会だったのである。朝鮮通信使・琉球使節の来日は、徳川将軍の「御威光」を輝かせるものであり、支配者である徳川将軍にとって不可欠な存在であった。

存在をアピールする対馬藩と薩摩藩

　朝鮮通信使と琉球使節の来日を準備したのが、対馬藩と薩摩藩である。琉球王府に強い影響力を行使できた薩摩藩とは異なり、対馬藩の苦労は大変なものだった。朝鮮王朝との交渉に始まり、道中の宿泊・食事まで細心の注意が払われた。様々なトラブルを乗り越え朝鮮通信使の来日に尽力していたのは、理由があったからである。幕府から朝鮮貿易の独占を認められていた対馬藩は、日朝外交における対馬藩の重要性をアピールする必要があったのである。薩摩藩もまた琉球使節の派遣を、藩主の官位昇進や琉球貿易の拡大の機会として利用した。絵巻のなかには、朝鮮通信使を護衛する対馬藩士や、琉球使節を護衛する薩摩藩士の姿が整然と描かれている。朝鮮通信使を整然と護衛する対馬藩士の姿は、幕府や沿道の民衆たちに、日朝関係を担う唯一の存在として印象づけたに違いない。

江戸時代後期の朝鮮通信使の行列を描いた「朝鮮国信使絵巻」（部分）（長崎県対馬歴史研究センター蔵）

参考文献　『幕藩制国家の琉球支配』紙屋敦之（校倉書房、1990年）
　　　　　「「鎖国」という外交」ロナルド・トビ（小学館、2008年）
　　　　　『朝鮮通信使行列絵巻の研究－正徳元年（1711）の絵巻仕立てを中心に』田代和生（『朝鮮学報』137、1990年）

特集2

古代対馬の対外交流と摩擦の痕跡
交易で潤う暮らしと国境の島の宿命

海を行く人々にとって、島はなくてはならない中継地点。島に住む人々にとって、海は
生きる糧を求め別の土地へと続く道。同じ海を行き交いながら生きた人々は当然のご
とく出会い、そこには交流の歴史と戦いの歴史が繰り広げられた。

対馬から朝鮮半島は肉眼で見える。そんな対馬には、はるか古代からの"海と島の歴史
ドラマ"が刻まれているにちがいない。水田不足という地形の島に暮らす人々は、海そ
のものを生活の場とした。米を求めて積極的に南へ北へと渡って交易をおこない生計
を立てた。反面、国境を守る最前線の島として、海を隔てた異国との戦いに明け暮れ
る宿命を負った。対馬に残る古代の遺跡の出土品から、海と山、そしてと国境の島に生
きた対馬の人々の思いや暮らしの痕跡をたどってみよう。

塔の首遺跡出土の銅矛・韓国系土器

恵比須山遺跡出土の把頭飾・鏡・玉類

8〜9世紀の東アジア

（地図の地名）ウイグル　契丹　渤海　上京龍泉府　南京南海府　新羅　日本　幽州　登州　慶州　平安京　青州　大津浦　平城京　黄河　長安　楚州　洛陽　唐　揚州(江都)　蘇州　大宰府　杭州　明州　台州　長江　広州　泉州　福州　琉球　太平洋

ヌカシ遺跡出土の縄文中期の櫛目文土器
（長崎県 対馬歴史研究センター蔵）

越高遺跡出土の縄文前期の石斧（長崎県 対馬歴史研究センター蔵）①

日本		対馬	朝鮮	中国
縄文		越高遺跡(上県町)		
弥生		ヌカシ遺跡(豊玉町)		後漢
古墳		志多留貝塚(上県町)	三韓	魏晋南北朝
		佐賀貝塚(峰町)		
		井手遺跡(峰町)	三国(高句麗・百済・新羅)	隋
		塔の首遺跡(上対馬町)		
		かがり松鼻遺跡(美津島町)		
		佐保シゲノダン遺跡(豊玉町)		
		恵比須山遺跡(峰町)		
		出居塚古墳(美津島町)		
		根曽古墳群(美津島町)		
		矢立山古墳(厳原町)		
飛鳥	600	遣隋使 小野妹子一行が対馬停泊(608)		
		白村江の戦い(663) 防人を置く(664)		
		対馬国に金田城を築く(667)		唐
		対馬、朝廷に銀を献上(674)	新羅	
奈良	700	対馬、朝廷に金を献上。元号を大宝とする(701)		
		遣新羅使一行が対馬に停泊(736)		
	800			
	900			五代十国
平安	1000			北宋
		刀伊の入寇(1019)	高麗	
	1100			南宋
鎌倉	1200			
	1300	元寇 文永の役(1274)・弘安の役(1281)		元
南北朝				
室町	1400	応永の外寇(1419)	朝鮮	明

第1章

海と山に生きる糧を求めて

縄文遺跡で明らかになった対馬の暮らし

対馬の縄文人は漁猟と狩猟の生活に明け暮れていた。対馬に残る縄文時代の貝塚や遺跡から、海と山に食料となる獲物を求めた島の暮らしぶりを知ることができる。また、その出土品は、同じ海に生きる人々が南北相互の移動によって交流したことを、確かに物語っている。

対馬の資料館案内(1)

◇上対馬町歴史民俗資料室
住所:対馬市上対馬町比田
勝575
☎0920-86-3727
開館時間:平日9時～17時
　　　　　土日祝日 閉室
展　示:考古・民俗資料、
　　　　自然・動物資料

◇豊玉町郷土館
住所:対馬市豊玉町仁位370
☎0920-58-1116
開館時間:平日9時～17時
　　　　　月曜休館
展　示:考古・民俗資料、
　　　　古文書

佐賀貝塚出土の獣骨製離頭銛
(峰町歴史民俗資料館蔵)①

志多留貝塚出土の黒曜石
(長崎県立対馬歴史民俗資料館蔵)①

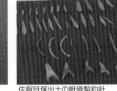

佐賀貝塚出土の獣骨製釣針
(峰町歴史民俗資料館蔵)①

出土した漁労具から浮かび上がる海人生活

　　対馬の縄文遺跡からは、四方を海に囲まれた海人(漁夫)の生活に欠かせない漁労具が出土している。西海岸の「越高遺跡」(上県町)では石銛や石鋸、東海岸の「佐賀貝塚」(峰町)からは獣骨製の銛や結合式の釣針が発見された。いずれも魚を突くための道具である。「佐賀貝塚」から出土した大型の矢じりのような石銛は、潜水して大型魚を突く道具として、また、両側にギザギザがある石鋸は、組み合わせて魚を突き刺す道具として使われたと思われる。

　　対馬の縄文人たちが食料を海に求めていたことは明らかである。

日本と大陸の自由な往来を示す縄文遺物

　　縄文時代、同じ海に生きる海人たちにとって、そこに境はない。好漁場を求めて海に出ると、その延長線上に別の土地があった。九州本土と対馬と朝鮮半島のあいだを自由に行き来していたのである。

　　このことは、各地の遺跡の出土品からわかる。朝鮮の隆起文土器[*1]や櫛目文土器[*2]が対馬で、また、九州産の縄文土器が朝鮮半島で出土した。九州産の黒曜石[*3]の石鋸は、釜山の「東三洞遺跡」からも対馬の「越高遺跡」からも出土している。さらに、「佐賀貝塚」の結合式釣針は西北九州型だといわれるが、朝鮮半島南部でも見つかっている。そもそも、西北九州型釣針の原型が、朝鮮のオサンリ型結合釣針ともいわれる。つまり、共通性のある漁労具や土器は、海人たちが海を渡った活動の証であり、縄文時代から対馬海峡を越えた交流ははじまっていたのである。

豊玉町郷土館の内観①

越高遺跡出土の縄文土器(長崎県立対馬歴史民俗資料館蔵)①

*1　隆起文土器／縄文時代に日本に伝来した装飾文様の盛り上がりが特徴の土器。
*2　櫛目文土器／縄文時代に日本に伝来した櫛の歯状の道具でつけた文様が特徴の土器。
*3　黒曜石／火山岩の一種。外見は黒くガラスと似た性質を持つ。
*4　扁平片刃石斧／木製農具の製作に使用された磨製の石器
①Inaho撮影

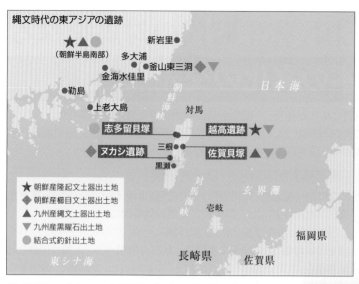

縄文時代の東アジアの遺跡

★▲● （朝鮮半島南部）
新岩里●
多大浦
釜山東三洞 ◆▼
金海水佳里
勒島●
上老大島●
志多留貝塚
越高遺跡 ★▼
三根
ヌカシ遺跡 ◆
佐賀貝塚 ▲▼●
黒瀬
朝鮮海峡
日本海
対馬
対馬海峡
玄界灘
壱岐
福岡県
長崎県
佐賀県
東シナ海

★ 朝鮮産隆起文土器出土地
◆ 朝鮮産櫛目文土器出土地
▲ 九州産縄文土器出土地
▼ 九州産黒曜石出土地
● 結合式釣針出土地

対馬の資料館案内(2)

◇峰町歴史民俗資料館
住所:対馬市峰町三根451
☎0920-83-0301
開館時間：平日9時～17時
（土12時まで)日曜休館
展　　示：考古・民俗資料

峰町歴史民俗資料館の内観①

発情期の鹿笛!　対馬縄文人の狩猟の知恵

　対馬の縄文人は、山で狩りもしていた。昭和60年
(1985)の「佐賀貝塚」の発掘調査で、珍しい鹿笛が出土し
たが、これは縄文時代に狩猟道具として使われたもので貴
重な発見である。雄鹿は数頭の雌鹿と行動をともにする習
性がある。鹿笛は発情期の雄鹿の鳴き声をまねるもので、
その音を聞いた雄鹿が自分の集団の雌鹿を守ろうとして鹿
笛の方向めがけて襲いかかってくるところを捕獲する仕掛
けになっている。つまり、鹿笛は雄鹿をおびき寄せて狩り
をする道具であり、対馬に住んだ人々がかなり早い時期か
ら、動物の習性を利用した高度な狩猟技術をもっていたこ
とを示す。島で生きるために知恵を絞り、海だけではなく、
山にも食料や漁労の材料を求めたのである。

佐賀貝塚出土の鹿角製鹿笛(峰町歴史民俗資料館蔵)①

対馬経由で伝播した日本の農耕文化

　縄文時代中期の遺跡である「ヌカシ遺跡」(豊玉町)から、石包丁様
石器や扁平片刃石斧*4が出土した。縄文時代後期の「佐賀貝塚」にも
扁平片刃石斧が見つかっている。これらは大陸系の石器であり、農耕
のはじまりを示すもの。弥生時代に入ると、「志多留貝塚」(上県町)の
地層から石包丁が出土している。

ヌカシ遺跡出土の扁平片刃石斧(右端)
(豊玉町郷土館蔵)①

　中国大陸の農耕文化が朝鮮半島経由で縄文時代の中・後期に対馬
につたわり、日本列島に 伝播していったのではないだろうか。

参考文献　『長崎県の歴史』(山川出版社)　『壱岐・対馬と松浦半島』佐伯弘次編(吉川弘文館)　『図説　長崎県の歴史』(河出書房新社)
　『長崎県と朝鮮半島』(長崎県教育委員会)　『長崎県の考古学』長崎県考古学会(ろうきんブックレット)
　『考古学を知る事典』熊野正也・堀越正行(東京堂出版)　『日本の古代遺跡42長崎』正林護(保育社)
　『海人たちの足跡』永留久恵(白水社)　『宝の島対馬』(長崎歴史文化博物館2008)

第2章

「青銅器王国」弥生時代の対馬を探る

大陸と日本の文化の交差点

弥生時代に入ると日本列島に稲作が普及し、弥生土器に象徴される文化が生まれた。
後期の対馬からは多くの青銅器が出土しているが、これは朝鮮半島と北九州北部の双方からもたらされたもの。その使用方法や目的には謎の部分が多い。

日韓の考古学研究者の「対馬」交流

日韓の考古学の研究者にとって、対馬は憧れの貴重な島。対馬に残る弥生時代の遺跡からは、日韓双方の遺物が一緒に出てくるため、年代などの比較研究を可能にしたのである。

対馬では日韓交流イベントの一環として、平成14年(2002)に韓国の考古学発掘団20人を招いて、「三根遺跡」(峰町)山辺[やんべ]区の発掘調査に参加してもらい「日韓遺跡発掘交流」をおこなった。

『魏志倭人伝』に記された「対馬国」

3世紀に編纂された中国の歴史書『魏志倭人伝』(『三国志』魏書東夷伝 倭人の条)には、弥生時代後期の対馬国について記述がある。

「始めて一海を渡る千余里、対馬国に至る。其の大官を卑狗と曰い、副を卑奴母離と曰う。居る所絶島、方四百余里可り。土地は山険しく、深林多く、道路は禽鹿*1の径の如し。千余戸有り。良田無く、海物を食して自活し、船に乗りて、南北に市糴す。」

つまり、対馬国の島民は、漁をして暮らす海人の生活を送り、朝鮮半島や日本列島と交易をして米を買い求めながら暮らしていたのである。

『魏志倭人伝』による対馬国と一支国(壱岐)の比較

	大官	副官	戸数	耕地	交易
対馬国	卑狗	卑奴母離	千余戸あり	良田なし	南北に市糴す
一支国(壱岐)	卑狗	卑奴母離	三千ばかりの家あり	やや田地あり	南北に市糴す

日韓双方の遺物が一緒に眠る対馬

考古学において、「土器」は、時代や地域によって材料や製作技法、用途や形状などが変化したり異なったりするため、年代の特定や伝播の状況を特定するものさしとなる。

日本の弥生式土器は朝鮮半島の無文土器の影響を受けたといわれるとおり、対馬の「井手遺跡」(峰町)では、弥生時代前期の弥生土器に混じって無文土器が一緒に出土し、これらが同時代であることを示すとともに、日朝の交流を如実に物語った。同じころ、朝鮮半島南部から箱式石棺墓が伝来して、対馬全島に広まったのであるが、弥生時代後期の「かがり松鼻遺跡」(美津島町)の石棺墓から中国系銅剣の把頭飾(剣の飾り)が出土した。これは中国の戦国時代末から前漢時代のものといわれる。

日韓双方の遺物が一緒に出土する対馬の遺跡から、東アジアにまたがる考古学の比較ができるのである。

かがり松鼻遺跡出土品
(厳原町郷土館蔵)

井手遺跡出土の朝鮮系無文土器(峰町歴史民俗資料館蔵)①

*1 禽鹿／禽は鳥のこと。動物を意味する。
*2 銅鐸／朝鮮式小銅鐸とよばれる朝鮮半島の鈴に起源を持つ日本独特の釣鐘形青銅器。
①Inaho撮影

大吉戸神社の広鋒青銅矛

対馬は「青銅器王国」

弥生時代後期の対馬の箱式石棺墓からは、多くの青銅器が出土している。そのため、対馬は「青銅器王国」とよばれる。朝鮮半島と北部九州から持ち込まれたものが中心であり、これも、当時「南北に市糴」していた対馬国の交易状況をよく現わすものであろう。しかし、各種各様の青銅器を副葬している目的や用途については謎とされてきた。大陸から渡った鏡、剣、釧（腕輪）などの装飾品、広形銅矛などいろいろな青銅器がみられる。

青銅器の大量出土の謎

東アジアから船で運ばれた青銅器や北部九州製の青銅器がいったいなぜ対馬に多いのか。使用の目的や方法などは、長いあいだ謎とされてきた。大陸製の鏡と剣と釧は、おそらく有力者の権威を象徴するものとして使用されたと考えられる。また、無造作に出土した青銅器については、弥生時代中期の東アジアでは青銅器から鉄器時代へ移っていたことから、鋳つぶして国産銅鐸*2などの製造のための原料として、廃品の青銅器を船で運んできたのではないかと考えられている。

聖なる神器　広形銅矛

対馬の墳墓や遺跡から、圧倒的な数の青銅製の広形銅矛が発見されている。広形銅矛は、朝鮮半島から細形銅矛がつたわり北部九州で広形に改良され、再び対馬に入ったものと推測されるが、なんとその数は現在確認されているものだけでも140本以上。用途については、祭祀的な特徴をもった遺跡から多く発見されていることや、対馬島内に広形銅矛を御神体とした祭祀があったことなどからすると、おそらく武器として使用されたのではなく、聖なる神器として用いられたと思われる。悪霊祓いの呪術的行事や、大陸へ渡航する際の航海安全を祈る祭事に使用されたのではないかと推測される。

ガラス玉（レプリカ）（豊玉町郷土館蔵）①

有孔十字形銅器と双頭管状銅器（レプリカ）（豊玉町郷土館蔵）①

有孔笠型銅器と角形銅器（レプリカ）（豊玉町郷土館蔵）①

銅製鞘先金具と十字形把頭金具（レプリカ）（豊玉町郷土館蔵）①

参考文献　『図説長崎県の歴史』（河出書房新社）　『長崎県と朝鮮半島』（長崎県教育委員会）
『長崎県の考古学』長崎県考古学会（ろうきんブックレット）　『考古学を知る事典』熊野正也・堀越正行（東京堂出版）
『日本の古代遺跡42長崎』正林護（保育社）　『海人たちの足跡』永留久恵（白水社）

第3章

ヤマト政権を意識した浦々の首長

弥生から古墳へ　海民集団の形成

『魏志倭人伝』に山が険しく耕地が少ないと記された対馬。海で生きる海民たちは、湾や浦々を拠点にして航海技術を駆使した生活を送る大きな社会集団を形成していった。小集団をまとめた首長の墳墓の様式や点在状況から、対馬を重要視したヤマト政権との深い関わりが明らかになる。

三根地域の朝鮮系副葬品

この地域(峰町)の「タカマツダン遺跡」、「ガヤノキ遺跡」、「木坂遺跡」から大量の銅剣、広形銅矛、装飾品が副葬品として出土している。遺跡の集中具合や遺物の出土状況から、大陸や朝鮮半島との活発な交易活動が推定され、弥生時代の対馬の中心のひとつをなしていた地域にまちがいない。これらの遺物は峰町歴史民俗資料館で見学できる。

仁位地域から出土した
青銅器

この地域(豊玉町)で発見された遺物については、珍しい大陸製青銅器が大量に出土しているのが特徴。なかでも「佐保唐崎遺跡」と「佐保シゲノダン遺跡」から発見された青銅鏡、武具類、装飾などは、一級の価値ある副葬品である。

海の集落が「対馬国」の中心

『魏志倭人伝』にその名が初めて登場する対馬国。その中枢はいったいどこなのか。これまで場所が特定されるような大規模集落は発見されていない。しかし、朝鮮半島の金属器や土器類が出土した墳墓は、島内に40ヵ所以上ある。なかでも、その出土状況や墓の副葬品の内容などから、「対馬国」の中枢は三根湾三根地域(峰町)や浅茅湾仁位地域(豊玉町)の浦々が有力ではないかと考えられている。

クローズアップされる島央の4地域

弥生時代の遺跡から出土した遺物の状況から見ていくと、「対馬国」の中心的役割を果たしたと思われる4つの地域が注目される。
　(1)佐護地域(上県町)
　(2)三根湾三根地域(峰町)
　(3)浅茅湾仁位地域(豊玉町)
　(4)浅茅湾雞知地域(美津島町)

これらは、岬の突端や浅茅湾周辺であり、古墳の箱式石棺(大陸系)の墳墓が多い。つまり、浅茅湾の浦々の集落で集団をまとめ交易していた実力者の存在が、墳墓や副葬品から浮かび上がってくるのである。

4つの地域のなかで、3世紀半ばの邪馬台国時代の豪華な副葬品が最も集中するのが(2)三根湾三根地域と(3)浅茅湾仁位地域であり、とくに平成12年(2000)に「三根遺跡」山辺区で弥生時代の集落跡が確認され、「対馬国」の中枢として有力視されるのである。

浅茅湾Ⓜ

＊1　大宝/非常に貴い宝。至宝。
＊2　干支/十干(かん)と十二支(し)を組み合わせたもの。こよみの年月日や時刻、方角などにあてはめる。
＊3　木簡/木の札に書かれた文書。
Ⓜ水越武撮影　Ⓑ対馬市教育委員会文化財課提供　Ⓘlnaho撮影

弥生時代の遺跡と古墳

上県町
志多留貝塚
越高遺跡
上対馬町
塔の首遺跡

三根遺跡
鳴滝山
峰町
タカマツダン遺跡
木坂石棺群
佐賀貝塚
ガヤノキ遺跡
豊玉町
恵比須山遺跡
唐崎遺跡
シゲノダン遺跡
ヌカシ遺跡
浅茅湾
美津島町
矢立山古墳
白嶽
龍良
かがり松鼻遺跡
根曽古墳群
矢立山
厳原町
出居塚古墳
鶏知山

出居塚古墳⑧

根曽古墳群⑧

畿内型古墳は語る　ヤマト政権との関わり

　縄文時代後期から弥生時代の対馬には、大陸系の箱型石棺墓が全島に分布し数百基の石棺墓が見られた。しかし4世紀後半以降の古墳時代に入ると、「出居塚古墳」(美津島町)や「根曽古墳群」(美津島町)など、ヤマト政権の象徴であった畿内型の前方後円(方)墳が数基出現した。このことはヤマト政権の勢力が全国的に拡大するなかで、その勢力が対馬にも及んだことと、対馬の首長たちもヤマト政権に従ったことをうかがわせる。

元号制のルーツは対馬にあった!?

　現代の私たちがあたりまえのように使っている元号。この元号制が定着する最初となった大宝[*1]改元に対馬が関係することは意外と知られていない。
「対馬嶋、金を貢ぐ。元を建てて大宝元年と為す」
　これは『続日本紀』にある701年3月21日の記録である。対馬で日本で初めて金が産出し、朝廷に献上されたことを祝って、この年を"大宝元年"とするという内容。全国で統一の元号がきちんと使われるようになったのはこのときからである。大宝元年に施行された新しい律令(大宝律令)は、唐の律令を模範とした体系的なもので、元号の使用規定についても、「およそ公文に年を記すべきは、皆年号を用いよ」と条文に盛り込まれた。
　大宝以前の年号表記には「大化(645〜)」「白雉(650〜)」「朱鳥(686)」があるが、実際には干支[*2]が広く使われており、大宝から元号の表記が定着したといえる。このことは、各地の7世紀の遺物として発見された木簡[*3]の記述から明らかになっている。対馬における金の発見を機に改元したとされる「大宝」以来、元号制は途切れずに現在まで続いているのである。

金の発見は虚偽?

　対馬から金が発見されたという報告は、のちに虚偽であったとされた。これには諸説あるが、金の産出が微量なので「金は朝鮮から持ってきたのではないか」、「銀を金と偽ったものではないか」などと疑われ、詐欺事件へ発展したといわれる。朝廷があまりにも期待をかけた分、その落胆ぶりは大きく、事件にまで発展したのではないだろうか。ちなみに、平安時代後期に大江匡房[おおえのまさふさ]が著した『対馬国貢銀記』には、白銀と金を「長く貢貢と為す」という記述がある。対馬で金はとれていたとする説の根拠とされている。

対馬銀の産出

　対馬国では古代より銀を産出していたが、『日本書紀』の674年3月の記録によると、対馬守[つしまのかみ]忍海造大国[おしのみやつこのおおくに]が朝廷に銀を献上したとの記述が残っている。以後対馬では銀を調(租税のひとつ)として朝廷に納めるようになった。「矢立山古墳[やたてやまこふん]」(厳原町)の近くには式内社の銀山神社と銀山上神社があることから、銀の産出と献納を促進した集団が存在したのではないかと推測されている。

銀山上神社①

参考文献　『日本の歴史／飛鳥・奈良時代　律令国家と万葉びと』鐘江宏之(小学館)　『図説長崎県の歴史』(河出書房新社)
『長崎県の歴史』(山川出版社)　『長崎県と朝鮮半島』(長崎県教育委員会)
『長崎県の考古学』長崎県考古学会(ろうきんブックレット)　『考古学を知る事典』熊野正也・堀越正行(東京堂出版)
『日本の古代遺跡42長崎』正林護(保育社)　『海人たちの足跡』永留久恵(白水社)

第4章

国防の最前線　防人の島

ゆれる東アジア情勢と戦いの歴史

　6世紀から7世紀にかけて、東アジアの勢力争いは混沌としていた。663年、倭国と唐・新羅連合軍が激突した「白村江の戦い」以降、対馬は防人の島として国防の最前線に立つ歴史がはじまったのである。

白村江の戦いと朝鮮式山城

凡例：
◀━ 倭国軍の進路
◀━ 新羅軍の進路
◀━ 唐軍の進路
▲ 朝鮮式山城
▢ 文献に見える城

金田城跡の石塁（石垣）①

『日本書紀』に記された金田城

　金田城が公式記録として登場するのは『日本書紀』の667年11月の条。「倭国の高安城、讃岐山田郡の屋嶋城、対馬国の金田城を築く」という記述がある。

対馬を詠んだ郷愁歌

　防人は国防の最前線に立つ兵士のことで、律令制のもと東国から3年交代で派遣され、防備、農耕に従事した。無事に帰郷できない者も少なくなかった。
　万葉集巻14には《対馬の嶺は　下雲あらなふ　可牟[かむ]の嶺に　たなびく雲を　見つつ偲はも（詠み人知らず）》という歌が詠まれている。「対馬の白嶽には雲がかからない。筑紫の可牟の嶺にかかる雲を見てはるか遠くにある故郷や家族を思うばかりだ」と、郷愁にあふれている。

国家統一を促した白村江の戦い

　中国を統一して勢力を拡げる唐の動きを受け、7世紀は日本や朝鮮半島が国家の統一と整備の必要性に迫られた時代である。唐の先進的な制度や文化を求めて通交する一方で、その強大な勢力は脅威でもあった。

　660年、唐・新羅連合軍に滅ぼされた百済が救援を求めてきたので、倭国は援軍を送り、663年に白村江で決戦となった。倭国軍は現地の潮流や気候がよめず、開戦からわずか10日あまりで軍船400隻を失い大敗したのである。この敗戦から、東アジアの軍事的な緊張関係を踏まえた国家統一の第一歩が始まる。

防衛の山城　金田城

　白村江の戦いに敗れて百済再興はならず、直接唐軍が侵入してくることを警戒した倭国は、唐・新羅連合軍の報復と侵攻に備え、防衛政策を進めた。667年、対馬・壱岐・九州北部に防人と烽*を配備し、西日本各地に国防のために山城を築いた。そのひとつが対馬の浅茅湾内に築かれた金田城（美津島町）である。金田城は百済の人々の技術を用いた朝鮮式山城で、天然の絶壁を利用し、山頂の周囲には石塁（石垣）がめぐらされている。その一部が現在も残っており、国の特別史跡に指定されている。地元では、「城山」「金田城」ともよばれる。

＊　烽／狼煙（のろし）のこと。外的襲来を大宰府へ通報する情報伝達のための施設。
①対馬観光物産協会提供

対馬の攻防・激戦MAP

小茂田浜神社大祭(元寇祭)⑦

　白村江の戦い以降も国境の島・対馬では、攻防の歴史が繰り返された。海を介して異国と接する対馬は、いつの時代も海外との関連において、緊張と交流の最前線にある。ここでは、その宿命ともいうべき戦いの数ページをめくってみよう。

刀伊の入寇(1019年)

　寛仁3年(1019)、高麗[こうらい]の北方の女真人[じょしんじん]が、突如、対馬、壱岐、筑前を襲った。当時の右大臣藤原実資[さねすけ]の『小右記[しょうゆうき]』の記述によると、対馬の被害状況は、銀穴(銀山の坑)が焼かれ、島内で殺された者144人、連れ去られた者546人、盗まれた牛馬は199頭にのぼったという。

元寇(1274・1281年)

　高麗を降伏させ、アジアからヨーロッパにおよぶ大帝国となった元(蒙古)の皇帝フビライが、文永11年(1274)と弘安4年(1281)の2度にわたりおこなった日本遠征。文永の役では、元・高麗軍の900隻、約2500人が来襲したといわれる。対馬地頭代の宗資国[そうすけくに]以下80騎は佐須浦[さすうら]で応戦したが戦死した。佐須浦の古戦場跡は、現在の厳原町小茂田[こもだ]であるといわれ、ここには宗資国をまつる小茂田浜神社(文永11年(1274)創建)があり、毎年11月12日に「小茂田浜神社大祭」、通称「元寇祭」が開かれている。

日本海

巨済島

日露友好の碑

対馬沖海戦

刀伊の入寇
上県／下県　対馬

応永の外寇
土寄崎

万関橋

元寇
小茂田

壱岐

大宰府●

対馬の攻防・激戦MAP

応永の外寇(1419年)

　応永26年(1419)、倭寇の一団が中国大陸の明へ向かう途中、朝鮮半島の西海岸(忠清道)などを襲撃した。朝鮮軍は報復として、倭寇が明に向かっているすきに、根拠地のひとつである対馬を攻撃することにした。船227隻、1万7285人の軍勢が巨済島[コジェド]を出発し、翌日対馬に到着した。
　対馬の人々は朝鮮の船団を対馬船と勘違いして酒肉を用意して待ったが、土寄崎[つちよりさき]に停泊した大軍が上陸してきたので慌てて応戦し敗走した。その後、島主宗貞盛[そうさだもり]が、「七月は風変(台風など)があるので兵を引きあげたほうがいい」という内容の修好を請う書簡を送り、朝鮮軍は引きあげた。

日本海海戦「対馬沖海戦」(1905年)

　中国東北部(満州)と韓国の支配をめぐり日本とロシアが戦った戦争で、明治38年(1905)5月27日・28日、日本の連合艦隊とロシアのバルチック艦隊が対馬沖で戦い、日本が圧倒的勝利をおさめた。このとき、対馬島民は負傷したロシア兵を手厚く看護したという。海戦から100年後の平成18年(2006)には、日本海軍連合艦隊の東郷平八郎司令長官とロシアバルチック艦隊のロジェスト・ウエンスキー司令長官のそれぞれのひ孫が、対馬で対面して両国の戦没者の慰霊祭をおこない、友好と交流を深めている。　　P56-③　P57-⑨

参考文献　『図説長崎県の歴史』(河出書房新社)　『長崎県と朝鮮半島』(長崎県教育委員会)
『長崎県の考古学』長崎県考古学会(ろうきんブックレット)　『対馬と海峡の中世史』佐伯弘次(日本史リブレット77／山川出版社)
『地図とあらすじで読む万葉集』坂本勝監修(青春出版社)　『萬葉集三　新日本古典文学体系3』(岩波書店)

第5章

使節が寄港した海道の中継地

命がけの旅立ちを綴った万葉集

日本から朝鮮半島へと飛び石のように位置する壱岐・対馬は、古代より日本の使節が朝鮮半島や中国大陸に向かうための寄港地として重要な役目を果たした。このルートは、異国へ旅立つ使節一行の想いを秘めた海道でもあった。

ルートの発展と海流

日本は原始・古代より、朝鮮半島を経由して中国大陸との往来や交流を重ねてきた。東シナ海を渡って直接中国大陸へ向かうルートは困難をともなったからである。壱岐・対馬ルートの北路が発展した理由のひとつに、対馬暖流など海流の流れが考えられる。この流れに乗って、対馬から筏[いかだ]船で朝鮮半島へ渡ることができたと思われる。また、対馬と朝鮮半島の距離はわずか49.5km。陸地を見ながら航行できる安心感もあったであろう。

豆酘崎 ①

「新羅道」ともよばれた「北路」

7世紀の遣隋使・遣唐使は、朝鮮半島への航海ルートとして、「北路」とよばれる現在の松浦から壱岐、対馬を経て韓国沿岸に渡るルートを通っていた。『隋書倭国伝』には、遣隋使に同行した隋使が都斯麻(対馬)から一支(壱岐)を通ったことが記されている。

608年には遣隋使 小野妹子が隋使 裴世清を伴って、また、632年には遣唐使 犬上御田鍬と唐使 高表仁一行がいずれも帰国途中、対馬に停泊している。このルートは遣新羅使の通るコースとしても利用され、「新羅道」ともよばれた。しかし、8世紀に入ると日本と新羅との外交関係が悪化し、「南路」とよばれる五島列島ルートへ変わっていったのである。

遣唐使のルート

（地図）
平壌　新羅　日本海
漢州
登州　北路　唐恩津
青州　　金城（慶州）　日本
　　　対馬　　難波津
黄海　唐　　　大宰府
揚州（江都）　三井楽柏崎
杭州　　　南路　坊津
天台山▲　明州　披玖島
　　　東シナ海
南島路　　奄美島

Ⓚ國分英俊氏撮影　①対馬観光物産協会提供　①Inaho撮影

対馬から眺望できる釜山の夜景 Ⓚ

万葉歌に込められた思いをたどる

遣唐使（630〜894）は中国の優れた先進知識を習得するため、公式の使節として派遣された。しかし、当時の船の構造や航海技術では難破や漂流が起こり、無事に帰ってくる確率は半分以下だった。選ばれた本人も送りだす家族も、永遠の別れを覚悟しながら旅立ったのである。万葉歌には使節一行のさまざまな思いが詠まれている。

「対馬の渡」の無事を願う

在嶺よし　対馬の渡海中に　幣取り向けて　早還来ね

これは大宝2年（702）に遣唐使が再開され、唐に向かう貿易事務の役人 三野連への送別歌として、春日蔵首老が詠んだ歌。意味は「航海の目印になる高い嶺がある対馬。対馬の海は急潮で荒いので海神に幣（神に捧げる物）をささげて、早く無事に帰ってきてください」というもの。知人の航海の無事を海神に祈願する送別歌である。

遣新羅使の風待ちの歌

万葉集には遣新羅使一行が詠んだ歌も残る。代表的な歌に、天平8年（736）、阿部継麻呂が風待ちのため、5日間の対馬停泊中に詠んだものがある。

百船の　泊つる対馬の浅茅山　時雨の雨に　黄葉ひにけり

「多くの船が停泊している対馬の浅茅山が、時雨の雨のせいで紅葉した」という意味。継麻呂は翌年、帰国途中の対馬で死去したため二度と帰郷することはなかった。浅茅山の登山口には、継麻呂が対馬で詠んだ以下の歌碑がある。

秋されば　置く露霜に　堪えずして　都の山は　色づきぬらむ

このほか、遣新羅使人が家族への慕情を詠んだ歌もある。対馬の浅茅湾に停泊中、月を見上げてはるか遠くの妻への慕情を表現したもので、危険な航海を前にして、故郷に残してきた妻を思う気持ちにあふれている。

天ざかる　鄙にも月は　照れれども　妹そ遠くは　別れ来にける

対馬で詠まれた歌

万葉集には対馬で、遣新羅使 阿部継麻呂一行のことを詠んだ歌も残る。
《黄葉[もみちば]の 散らふ山辺[やまへ]ゆ 漕ぐ舟の にほひにめでて 出でて来にけり》
《竹敷[たけしき]の 玉藻[たまも]なびかし 漕ぎ出なむ 君が御船を 何時とか待たむ》
この2首は、対馬の女性玉槻[たまつき]が対馬の風景や一行に向けての思慕の情を詠んだもの。

このとき、使節の大伴三中[おおとものみなか]は、
《竹敷の 黄葉[もみち]を見れば 吾妹子[わぎもこ]が 待たむと言いし 時そ来にける》
と詠んでいる。「対馬の竹敷（美津島町）の港の紅葉を見ると、対馬に到着するまでに1年が過ぎてしまい、妻が私の帰りを待つと言った秋になったことを知った」という意味。妻との再会を願う気持ちにあふれた切ない歌である。

対馬の美しい紅葉 Ⓣ

参考文献　『図説長崎県の歴史』（河出書房新社）　『長崎県と朝鮮半島』（長崎県教育委員会）
『対馬と海峡の中世史』佐伯弘次（日本史リブレット77／山川出版社）　『改訂新版 万葉の旅 下』犬養孝（平凡社）
『海を旅する人たち3・徐福』立平進（長崎国際大学論叢 第4巻 抜刷）　『地図とあらすじで読む万葉集』坂本勝監修
（青春出版社）　『万葉を旅する』中西進（ウェッジ選書17）　『萬葉集三 新日本古典文学体系3』（岩波書店）

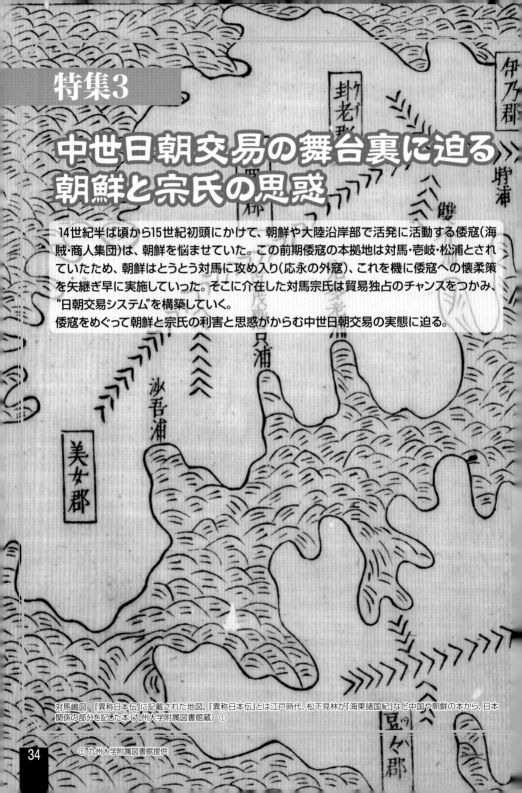

中世日朝交易の舞台裏に迫る 朝鮮と宗氏の思惑

　14世紀半ば頃から15世紀初頭にかけて、朝鮮や大陸沿岸部で活発に活動する倭寇（海賊・商人集団）は、朝鮮を悩ませていた。この前期倭寇の本拠地は対馬・壱岐・松浦とされていたため、朝鮮はとうとう対馬に攻め入り（応永の外寇）、これを機に倭寇への懐柔策を矢継ぎ早に実施していった。そこに介在した対馬宗氏は貿易独占のチャンスをつかみ、"日朝交易システム"を構築していく。
　倭寇をめぐって朝鮮と宗氏の利害と思惑がからむ中世日朝交易の実態に迫る。

対馬嶋図。『異称日本伝』に記載された地図。『異称日本伝』とは江戸時代、松下見林が『海東諸国紀』など中国や朝鮮の本から、日本関係の部分を記した本（九州大学附属図書館蔵）①

日本國對馬嶋圖
雙古郡
尼老郡
對馬島
島主宗貞國居
郡

土木堡
遼陽
北京
朝鮮
日本
黄河
太原
漢城
富山浦
鎌倉
西安
開封
乃而浦
塩浦
京都
明
南京
杭州
寧波
長江
重慶
太平洋
福州
琉球
泉州
広州
小琉球

15世紀の東アジア

日本			対馬	朝鮮	中国
		1400			
			応永の外寇(1419)		
			宗貞盛、応永の外寇後に朝鮮との国交回復成功(1423)		
			朝鮮と宗貞盛の間で「文引」制度確立(1438)		
			対馬、朝鮮と孤草島釣魚禁約成立(1441)		
			朝鮮と宗貞盛の間で嘉吉条約締結(1443)		
室		1450			
				朝	
			朝鮮で『海東諸国紀』編纂(1471)		
			三浦の恒居倭数が2209人に(1475)		
		1500			
			三浦の乱(1510)		明
町	戦		対馬、朝鮮と永正条約を結ぶ(1512)		
			対馬、朝鮮と天文条約を結ぶ(1547)		
	国	1550	対馬、朝鮮と弘治条約を結ぶ(1557)	鮮	
安土桃山			豊臣秀吉の朝鮮出兵(1592〜98)		
		1600	江戸期最初の朝鮮通信使来日(1607)		
			対馬、朝鮮と慶長条約を結ぶ(1609)		
江戸					

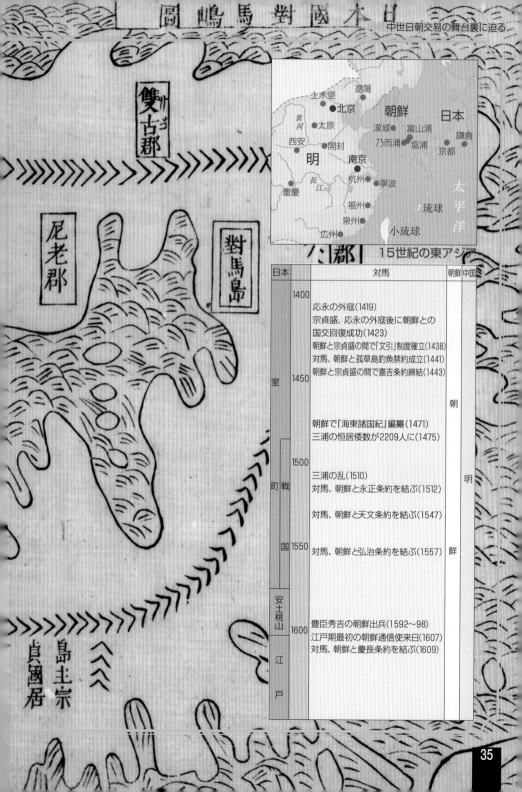

倭寇撲滅作戦を展開する朝鮮

日朝貿易の実権掌握をもくろむ宗氏

応永の外寇(P31参照)後、朝鮮側は倭寇の懐柔をすすめるために、対馬を拠点に活動していた倭寇に対してさまざまな優遇策をとり、倭寇撲滅作戦を展開した。宗氏はその過程で朝鮮側と交渉し日朝貿易の独占を狙った。

告身(早田家文書)(早田和文氏蔵)

早田氏の拠点があった尾崎(美津島町)
北端の水崎遺跡付近から見た浅茅湾①

対馬早田氏の活動

早田[そうだ]氏は対馬の倭寇の統率者で、船越(ふなこし)と尾崎(土寄[つちより])に拠点をもって活動していた。早田左衛門太郎[さえもんたろう]は応永の外寇前後には対馬宗氏をしのぐ島内勢力を誇った。応永の外寇の翌年には、奪われた船と拘留された日本人の返還を求めて、朝鮮と独自の外交交渉をおこなった人物。その後、左衛門太郎は帰化して受職人となったが、しばらくして対馬に帰島し豪族となった。朝鮮の史書『朝鮮王朝実録(世宗)』によると、室町中期の早田氏は興利倭人[こうりわじん*2]として朝鮮との貿易をおこなっていた。

倭寇取り締まりのおいしい見返り

14世紀半ばから倭寇の激増に頭を悩ませていた高麗や朝鮮は、軍備を強化して武力で鎮圧を図り、その一方で日本に使節を派遣し、室町幕府に倭寇の取り締まりを要請していた。さらに、西日本の有力大名にも接近し取り締まりを要求した。有力大名は、被虜人[ひりょじん]*1を送り返すなど、倭寇討伐に協力している。彼らが要求に応えた理由は、見返りに報奨や貿易の権利を得たり、貴重な文物の寄贈を受けたりしたからである。

その頃、対馬で勢力争いを繰り返していた宗氏一族が島内を掌握し、15世紀初期には宗貞茂[そうさだしげ]が倭寇の取り締まりをおこなった。貞茂もまた朝鮮貿易による利益を期待する実力者のひとりであった。

撲滅作戦の目玉は「懐柔策」

朝鮮側はまず、倭寇に土地・家財を与えて朝鮮に安住させる対策を講じた。朝鮮は、帰化した日本人(向化倭[こうかわ])のなかで、特殊技能をもつ者には官職を与え、受職人[じゅしょくにん]として優遇した。この官職を受けることは貿易権の獲得を意味し、のちには日本在住者にも与えられることとなった。さらに朝鮮王朝は、受職人に対し、官服とともに公文書である告身(辞令書)を発行した。この懐柔策の結果、倭寇の大半は平和な通交者となっていったのである。

*1　被虜人／倭寇によって日本に連れ去られた高麗・朝鮮・明の人々。
*2　興利倭人／貿易のため朝鮮に渡海した日本人のこと。対馬の島民が中心であった。
*3　孤草島／韓国の全羅南道[チョルラナムド]の南方海上にある現在の巨文島[コムンド]とされる。
Ⓚ九州国立博物館提供　①Inaho撮影

図書（九州国立博物館蔵）⑭

朝鮮の貿易制限が対馬宗氏の立場を確固たるものにした

　こうして倭寇懐柔策は成功したが、あまりにも膨大な経費がかかりすぎたため、朝鮮は日本からの通交者を制限することにした。正式な通交者に「図書」という銅印を与え、書簡（外交文書）に捺印させ証拠とした。また朝鮮へ渡航する際の認可証明書「文引」を宗氏に発給させた。この制度が確立した永享10年（1438）頃以降、朝鮮に通交する日本人は必ず宗氏の文引が必要となり、宗氏は日朝貿易における重要な地位を築くことになったのである。

朝鮮における日本の貿易港「三浦」を支配した宗氏

　さらに朝鮮は、日本からの貿易船の渡航数も、入港できる港も制限していった。寄港が認められたのは、富山浦（釜山）、乃而浦（薺浦）、塩浦（蔚山）の3港（三浦）。三浦には、次第に日本人が居住するようになった。その多くは耕地の乏しい対馬の島民で、家族単位で移り住み、漁業や交易を生業として暮らした。三浦の居留地に住む日本人（恒居倭）も対馬島主宗氏の支配下にあり、敷地内で耕作したものについては朝鮮の租税を免除され、宗氏の家臣が管理や収税をおこなっていたという。

『海東諸国紀』の三浦の図

漁業権を獲得した対馬島民

　対馬の島民は、宗氏や早田氏の交渉により、朝鮮から三浦周辺の漁業権を認められていた。嘉吉元年（1441）には孤草島[3][コチョド]海域での出漁も認められた。対馬島民は宗氏から文引をもらい、巨済島[コジェド]で朝鮮側役人の文引と交換し、漁業をした。帰りには文引を返し、税として魚をおさめて、対馬に帰った。この孤草島における漁業権は対馬島民に限られており、対馬では「おうせん」とよばれ、多くの関係文書（家文書）が残っている。

阿比留氏から宗氏へ

　対馬の政務においては、平安時代中頃から阿比留[あびる]氏の存在が大きく、在庁の官人を阿比留氏が占め実務をおこなっていた。中世になって、郷が郡に改称され新たな勢力が台頭するなかで惟宗[これむね]氏が現れ、地頭代として島の実力者の地位を固めていき、宗[そう]氏と名乗って武家支配の体制に組み込まれていった。

参考文献　『対馬と海峡の中世史』佐伯弘次（日本史リブレット77／山川出版社）　『長崎県の歴史』（山川出版社）
『図説　長崎県の歴史』（河出書房新社）　『長崎県と朝鮮半島』（長崎県教育委員会）　『中世倭人伝』村井章介（岩波新書）
『長崎県の地名』（平凡社）　『宝の島対馬』（長崎歴史文化博物館2008）

第2章

厳しく貿易制限する朝鮮

宗氏は巧みな戦略で生き残り

宗氏は15世紀後半には朝鮮貿易の支配権を確立していった。しかし、三浦(さんぽ)の居留地では、朝鮮の厳しい統制に反発した反乱が起こり、対馬と朝鮮の関係は断絶。宗氏は生き残りをかけてその関係修復に奔走するのである。

『海東諸国紀』の記録
対馬島主と倭寇の優遇ぶり

1471年に朝鮮で著された『海東諸国紀[かいとうしょこくき]』には当時の日本人の朝鮮通交の実態が記され、対馬島主と倭寇の優遇ぶりが描かれる。たとえば、対馬の歳遣船の数は他地域の通交者に比べて圧倒的に多い。また、対馬の受職人もやはり他地域と比べると非常に多く、その本拠地は倭寇の子孫が住む浅茅湾の浦に集中している。

朝鮮王朝が、宗氏に朝鮮通交を仕切らせながら貿易面で厚遇し、対馬を本拠とする倭寇を懐柔していった実態が浮きぼりになっている。

朝鮮の厳しい貿易統制はじまる

応永の外寇(P31参照)後は、朝鮮側の倭寇に対する懐柔策などによって、倭寇の活動は衰退し、次第に対馬島主宗氏の朝鮮貿易における役割や権力が増大した。しかし、宗氏の支配下にあった三浦に住む日本人の数が急増し、経済活動が活発化するにつれて密漁・密貿易も増えたため、朝鮮側はこれまでの貿易制限に加え、さらに日本船の入港数や入港地、居住区の制限など、ますます貿易の統制をおこなっていく。

宗氏の特権ますます拡大!

朝鮮は日本からの貿易船の年間渡航数を制限した。このときの通交統制政策を日本側で取り仕切った宗氏は優遇され、嘉吉3年(1443)に宗貞盛(そうさだもり)との間に嘉吉条約(朝鮮では癸亥約条[きがいやくじょう])が結ばれた。その内容は、歳遣船*を毎年50艘(そう)、特別な用件があれば特送船派遣も認め、また毎年米・大豆200石の支給の特権も与えた。宗氏はこうして朝鮮貿易の破格の特権を得て、家臣には石高の代わりに権利の一部を給与しながら、島内統治を確立していった。

受職人が集中した浅茅湾(美津島町)にある鋸割岩[のこわきいわ]①

円通寺石塔群のほとんどは、福井県産の日引石[ひびきいし]でつくられており、若狭湾から日本海ルートで運んだものと思われる。

中世の一時期(1408~1486)、宗氏は佐賀(峰町)に居館を構えた。写真は円通寺にある宗家

* 歳遣船/毎年朝鮮に渡航が許可された貿易船。許可された歳遣船の所有者を「歳遣船定約者」とよんだ。

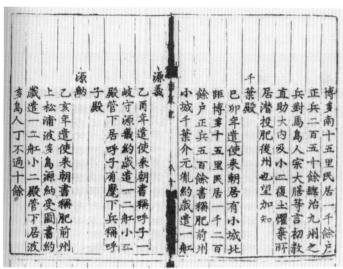

『海東諸国紀』の肥前国条（千葉殿）

三浦の乱後の関係修復

　永正7年（1510）、朝鮮の厳しい統制に反発し、三浦に住む日本人たち（恒居倭）は対馬宗氏の援助を得て反乱を起こした。この「三浦の乱」はすぐに鎮圧されるが、朝鮮と対馬の関係は断絶状態となった。対馬にとって朝鮮との交易中止は死活問題であり、乱の翌年には関係復活交渉がはじまった。こうして永正9年（1512）、朝鮮と対馬の間で結ばれた永正条約（壬申約条）は、対馬島主の年間の歳遣船は25艘へと半減、また毎年の米・大豆の支給も100石に半減され、特送船派遣は認めないという厳しいものであった。三浦への日本人居住も禁止され、入港が許される港は乃而浦（薺浦）一港だけに限定された。

偽使と図書の発行

　経済的に窮地に立たされた対馬宗氏は、朝鮮側に倭寇の情報を流して歓心をかおうとした。このほかにも、朝鮮貿易を三浦の乱以前の規模に戻すための方策として、外交交渉の一方で偽使の創出をおこなった。島外の架空の日本人通交者を遣使として巧妙に仕立てあげて、朝鮮から図書を発行させ、実際には宗氏や家臣団がそれを使って朝鮮貿易の独占をはかったのである。その後も紆余曲折はあったが、宗氏は巧みな生き残り戦略で朝鮮貿易の実権を握り、日朝間のおおむね平和な外交関係は、秀吉の朝鮮出兵まで続いたのである。

宗氏による偽使創出

　『海東諸国紀』に載っている肥前の千葉元胤［ちばもとたね］は実在の人物だが、没後40年にわたり朝鮮交通をおこなった記録がある。これは宗氏が元胤名義の図書を入手し偽使を仕立てたものと考えられている。

執念の「貿易船」復活交渉！

　永正条約（壬申約条）による歳遣船数の半減は、宗氏にとって貿易額の半減を意味し、まさに死活問題であった。その後宗氏の積極的な復活交渉の結果、11年後に歳遣船を30艘に増やすことが許された。

　しかし、天文13年（1544）には日本人が朝鮮南岸を襲い、対馬と朝鮮の関係は再び断絶。宗氏は日本国王使を仕立てて交渉し、3年後に朝鮮と天文条約（丁未［ていび］約条）を結び、歳遣船25艘が復活。弘治3年（1557年）には弘治約条（丁巳［ていし］約条）が結ばれ30艘を確保した。

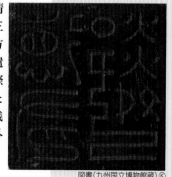

図書（九州国立博物館蔵）Ⓚ

参考文献　『対馬と海峡の中世史』佐伯弘次（日本史リブレット77／山川出版社）　『長崎県の歴史』（山川出版社）
『図説　長崎県の歴史』（河出書房新社）　『長崎県と朝鮮半島』（長崎県教育委員会）
『中世倭人伝』村井章介（岩波新書）

第3章

対馬にもたらされた "至宝"

大陸交流史を物語る対馬の仏教文物

現在、対馬に残る朝鮮半島経由で大陸からつたえられた仏教系文物（仏像・経典・青磁など）の多くは、室町時代に宗氏や倭寇によってもたらされた。それらの貴重なお宝を一挙に誌上公開してみよう。

仏教系文物は倭寇取り締まりの褒賞？

　15世紀初めに活発化した倭寇を撲滅するため、朝鮮は室町幕府のほかに西日本の実力者に倭寇の取り締まりを要求した。当時の対馬島主宗貞茂も要求に応じているが、その見返りとして朝鮮貿易の優遇や当時入手困難だった大蔵経や梵鐘など仏教系文物を贈られたとも考えられる。たとえば有力大名たちが欲しがった大蔵経や般若心経に限ってみても、宗貞茂・貞盛・成職・貞国の代71年間(1416〜1487)に9セットが対馬に渡来し、そのいくつかは島内の神社・寺院に現存している。

④

① 銅造如来坐像(黒瀬観音堂)
　統一新羅時代の(8世紀)の銅像仏。地元では「女神様[おんながみさま]」として信仰が厚い。かつては大願成就した女性が帽子や着物を奉納していた。

② 銅造菩薩坐像(黒瀬観音堂)
　高麗時代(14世紀末)の銅像仏。「男神様[おとこがみさま]」として信仰されている。頭部が大きくほのぼのとした柔和な顔立ちが特徴。㊙

③ 円通寺梵鐘 ①
　峰町佐賀の宗氏の菩提寺に現存する朝鮮王朝初期の作とつたわる梵鐘。全体の形は中国の影響、装飾は朝鮮の影響を受けている。

④ 銅造如来立像
(木坂海神社)
統一新羅時代(8〜9世紀)に造作された新羅仏。ふっくらとした秀麗な顔立ちが特徴。

渡来仏

②

③

①

■重要文化財銅造如来坐像収蔵庫
住所　対馬市美津島町黒瀬327
問い合わせ先　☎0920-54-2341(対馬市教育委員会文化財課)
拝観は要電話予約(撮影禁止)　無料
㊙ 対馬市教育委員会文化財課提供　①Inaho撮影

■峰町ふるさと宝物館収蔵庫
住所　対馬市峰町木坂246-2
問い合わせ先　☎0920-54-2341(対馬市教育委員会文化財課)
拝観は要電話予約(撮影禁止)　拝観料200円

経典

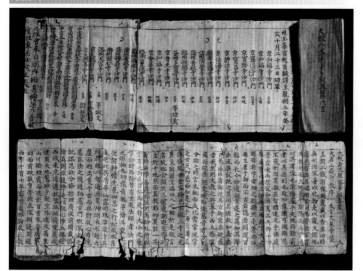

高麗版大般若経（長松寺蔵）
高麗版初雕本の経典で、全600巻のうち584巻が現存している。高麗王朝最初の版木で作成されたもので、朝鮮式古印刷史上価値が高い。ほかには壱岐の安国寺に現存するのみ。

朝鮮陶磁出土した水崎（仮宿）遺跡

　美津島町の水崎（仮宿）遺跡では、15世紀前後の中国産の青磁・白磁、朝鮮王朝陶磁、東南アジア産の陶磁器、朝鮮産の無釉陶器などが出土した。とくに朝鮮王朝陶磁が多い。仮宿は『海東諸国紀』にも出てくるが、倭寇の頭目であった早田氏の本拠地があった場所である。元の大型銭「大元通宝」などの銭も見つかっており、中世の倭寇が関係した活発な経済活動や交易ルートの痕跡を残している。

元の大型銭「大元通宝（パスパ銭）」
（厳原町郷土館蔵）

青磁

⑤

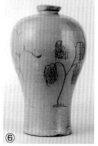

⑥

⑦

⑤⑥⑦（木坂海神社蔵）

渡来仏は「安産の神様」

　渡来仏が多く残る対馬ならではのお話。文化財に指定されている渡来仏も多いが、民家の仏壇の位牌の横に何気なく安置されている小さな仏像が、よく見ると渡来仏だったりする。仏教本来の信仰とは別に身近な守り神として民間信仰されていたようだ。

　ある国指定重要文化財の渡来仏が、島を離れて国立博物館の企画展に出展されていたとき、その渡来仏を祀る地区の女性が産気づいたため、急きょ対馬へ戻されたという。朝鮮から渡ってきた仏像が、いまや安産や地区の安寧にご利益があるとして、地域で深く信仰されていることを物語るエピソードである。

⑤青磁彫刻鳳凰形水注
[せいじちょうこくほうおうけいすいちゅう]（木坂海神社）／鳳凰の形をした高麗青磁の特有の水注。鳳凰の羽や背中に乗った官人の肩から上は欠損している。同じ形状のものがシカゴ美術館にある。

⑥青磁象嵌蒲柳文梅瓶
[せいじぞうがんほりゅうもんばいへい]（木坂海神社）／対馬につたえられている高麗青磁の中でも秀逸の名品とされる。胴部分には柳と花文が配置されている。

⑦粉青沙器象嵌縄暖簾文瓶
[ふんせいさきぞうがんなわのれんもんへい]（木坂海神社）／形はラッキョウのような円錐形で、縄暖簾のような文様が特徴。首から上は欠損している。

参考文献　『対馬と海峡の中世史』佐伯弘次（日本史リブレット77／山川出版社）　『長崎県の歴史』（山川出版社）
『図説　長崎県の歴史』（河出書房新社）　『長崎県と朝鮮半島』（長崎県教育委員会）　『中世倭人伝』村井章介（岩波新書）

中世対馬海民と朝鮮交通

佐伯 弘次 九州大学大学院人文科学研究員・文学部教授 *Saeki Koji*

朝鮮使節・宋希璟（ソン ヒ ギョン）が出会った人々

　1419年に日本を訪問した朝鮮使節・宋希璟は、途中、対馬に寄港し、さまざまな人物と出会った。その様子は、このときの宋希璟の紀行詩文集『老松堂日本行録』に詳しく、この史料から、当時の対馬と朝鮮の日常的な交流が知られる。

　同年2月16日、宋希璟一行は、波が逆巻く海峡を渡り、対馬北端の鰐浦（上対馬町）の矢櫃に到着した。そこから西泊（上対馬町）に到ったとき、小舟に乗る漁民と出会った。その船に一人の僧侶がいて、宋希璟にひざまずいて食料を乞う。僧は、「私は、中国江南の台州の軍人です。一昨年倭寇の虜となり、ここに来て、髪の毛を剃られて奴隷とされ、辛苦にたえません。あなたに従って行くことを願います」といい、さめざめと泣いた。漁民は、「あなたが米をくれるならば、私はこの僧を売りましょう。買いますか?」という。希璟が僧に、「おまえはこの島のどこに住んでいるのか」と尋ねると、僧は、「私は日本にやって来て、転売され、この漁民に従って2年になります。このように海に浮かんで生活しているので、住んでいる土地の名を知りません」と答えた。

　その後、この僧に関する記述は紀行詩文集に出てこない。

宋希璟一行の舟が停泊した西泊（佐伯弘次氏提供）

応永の外寇と底辺の交流

　同じ西泊で、ある尼寺の僧と出会う。尼は、一行が「回礼」（日本国王使に対する返礼）の使いであることを知ると、「太平の使いですね。私も生き延びた」と喜んだ。前年の朝鮮軍による対馬攻撃＝応永の外寇（己亥東征）によって、対馬の人々は朝鮮使節に対しても恐怖心を抱いていたのである。

　この西泊には僧侶がいない空寺があった。現地の者は、この寺の住職は昨年、朝鮮に行き、虜になって帰ってこないという。こうした応永の外寇の際に、朝鮮に来ていた対馬島民は拘留され、その後なかなか返還されず、日朝間の外交問題ともなった。この住職が帰国を許されたのは、5年後のことであった。

　応永の外寇の直前に対馬の寺の住職が朝鮮に渡航していたことは、対馬島民と朝鮮との交流が日常的に民間レベルで活発

©Inaho撮影

早田氏の根拠地の一つ・小船越（佐伯弘次氏提供）

におこなわれていたことを物語っている。対馬の家々に残る中世文書のなかに、「塩判」「おうせん判」などの言葉が多く登場する。これらは日常的な対馬と朝鮮との交流を物語るものである。

倭寇から交易者に

2月20日、住吉（美津島町住吉）に一行が停泊したとき、近くの船越（美津島町小船越）の早田左衛門太郎が魚と酒をもってやって来た。左衛門太郎は倭寇の頭目＝海の領主で、朝鮮側も一目置く存在であったため、宋希璟はあらかじめ米を贈っていた。左衛門太郎はその礼に来たのである。宋希璟は、昨年の対馬攻撃の事情と国王の意志を説明し、左衛門太郎も納得した。

こうした早田氏を代表とする倭寇の頭目は、浅茅湾周辺に多く存在した。彼らは海民を配下にして、倭寇活動をおこなっていたが、倭寇の終息とともに朝鮮への平和な通交者になっていった。彼らの多くは、朝鮮政府から官職をもらい、それを根拠にして朝鮮との貿易を継続した。早田氏は貿易商人化し、その活動は広く琉球（沖縄）にも及んだ。

美津島町尾崎の水崎（仮宿）遺跡からは、室町時代の朝鮮・中国・東南アジアの陶磁器などが多数出土した。これはこの時代の対馬海民たちの活動の広がりを物語っている。

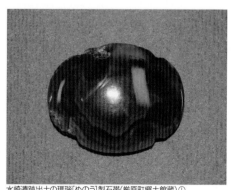

水崎遺跡出土の瑪瑙［めのう］製石帯（厳原町郷土館蔵）①

海と島と神々との共生 "大いなる存在"を身近に感じて生きる対馬の人々

海峡から山や森へと対馬を吹き抜ける風は、どこか神々しく、神秘的な気配と幻想ロマンを運んでくる。きっと「歴史の重み」と「自然の霊性」と「異国の空気」をのせて吹くからだろう。

海の道に浮かぶ国境の島"対馬"には、海の神も天の神も宿っている。その歴史や風土からさまざまな信仰や伝説、祭りなどが生まれ、伝承されてきた。対馬に暮らす人々は、気まぐれで危険な荒海と大陸の影響を受けた大自然に囲まれ、そこにある"大いなる存在"への畏敬の念を大切に受け継ぎながら、豊かな生活文化をかたちづくってきたのである。

海と島と神々と人々は、いまも対馬の地にともに生きている。

原生林Ⓜ

　Ⓜ水越武撮影　Ⓡ長崎県観光連盟提供

和多都美神社 ®

海と天の神々が一堂に

対馬は神話の源

　10世紀につくられた律令の施行細則『延喜式』の神名帳(官社の一覧)に記された神社を式内社という。西海道(9国2島)とよばれた当時の九州には式内社が107座あり、そのうち対馬に29座、壱岐に24座あった。対馬の29座は海神系と天神系に大別され、住吉神社が1座、和多都美(海神)神社が4座ある。

住吉三神はオリオン座の三つ星の化身?

　住吉三神[*1]の名前に付く筒[つつ]の意味には、船着き場の「津」など諸説あるが、「星」の意味もあるとされる。古代より自分の船の位置を知るうえで、航海の重要な目印となってきたオリオン座の三つの星の神格化したものが、住吉三神の三筒男[さんつつのみこと]といわれる説の理由がそこにある。興味深いことに、対馬の豆酘[つつ]と壱岐の筒城[つつき]と糸島(福岡県前原市)の筒木[つつき]はオリオン座の三つ星の配置となっている。

『日本書紀』の「日神」伝説

　『日本書紀』によると、高皇産霊尊[たかみむすびのかみ][*2]を祖とする日神[ひのかみ]の神託を受けて献上された土地が大和国(奈良県)の磐余[いわれ]。対馬の日神が中央へ分霊され、対馬下県直[しもつあがたのあたえ]が上京して仕えたとされる。『延喜式』によると、対馬には確かに高御魂[たかみむすび]神社がある。
　なお、壱岐の月読神社には月神[つきのかみ]の中央分霊について伝説がある。

大陸へ向かう海路を守る"住吉神社"

　『古事記』や『日本書紀』に登場する神功皇后の伝説では、新羅遠征時に、海の神「住吉三神」[*1]が神功皇后に神がかりして、天照大御神の意志を託宣し、朝鮮半島へと進む軍船の海路を守ったとされる。凱旋した神功皇后は摂津国(大阪府)の住吉に社を建立し三神を祀ったと伝承されている。以来、住吉神社は大陸への海上交通の要衝を守る神となったと語り継がれる。
　式内社の住吉神社が対馬・壱岐にあることは、政治の中心であった畿内から大陸へと向かう際の重要な海上ルート上に、両島が位置したことを示している。ヤマト政権の国際化に欠かせない存在だったのである。

航海の安全を祈願する"和多都美神社"

　「和多都美」とは、海神(ワタツミ)のことである。豊玉町仁位の和多都美神社、豊玉町仁位の和多都美御子神社、厳原町の和多都美神社、峰町木坂の海神神社などがある。和多都美神社の点在は、6世紀に入りヤマト政権と関係を深める首長が雞知浦を中心にして東岸に出てきて、漁労や朝鮮半島との交易で生活する島民を取り込んで勢力を拡大し、海人集団を形成していったことと無関係ではないだろう。海人たちが住むところに海神が祀られたのか、海神が宿るところに海人たちが集まったのか、いつの時代も神と人はともにある。

木坂海神神社①

＊1　住吉三神／航海の神。底筒男命[そこつつのみこと]、中筒男命[なかつつのみこと]、上筒男命[うわつつのみこと]の総称。
＊2　高皇産霊尊／イザナギとイザナミが国をつくる前から存在した形のない神「造化三神」のひとり。地上に降りた神たちの指導的な立場。
＊3　神御産巣／「造化三神」のひとり。高御産巣とともに万物の創造を司る。
①Inaho撮影

上県と下県で対(ペア)をなす神様

上県地区	下県地区
神御魂神社	高御魂神社
多久頭魂	多久頭魂
能理刀神社	太祝詞神社
霹靂[へきれき]神社	雷命神社
那須加美乃金子 [なすかみのかねこ]神社(志多賀)	銀山神社
那須加美乃金子神社(小鹿)	銀山上神社
木坂八幡神社(木坂海神神社)	厳原八幡宮神社

対をなす神様の位置
上県[かみあがた]
下県[しもあがた]

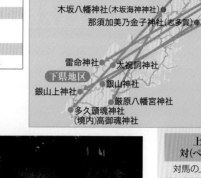

多久頭魂神社
(境内)神御魂神社
能理刀神社
上県地区
霹靂神社
木坂八幡神社(木坂海神神社)
那須加美乃金子神社(志多賀)
那須加美乃金子神社(小鹿)
雷命神社
太祝詞神社
下県地区
銀山上神社
銀山神社
厳原八幡宮神社
多久頭魂神社
(境内)高御魂神社

磯良エベス①

豊玉姫の霊石①

豊玉姫伝説　海神と天神が対馬で融合

　豊玉町仁位の和多都美神社を訪れると、3つの鳥居が海上に浮かび連なる風景が、幻想的な神話の世界を彷彿とさせる。大海神豊玉彦命[おおわたつみとよたまひこのみこと]の娘豊玉姫命[とよたまひめのみこと]は、海宮にやってきた天神の皇子山幸彦[やまもちひこ](彦火火出見命[ひこほほでみのみこと])と結婚する。豊玉姫は地上で出産するために海辺に鵜の羽で屋根を葺いて産屋[うぶや]をつくろうとしたが、完成前に出産したので、その子は鵜茅葺不合尊[うがやふきあえずのみこと]と名付けられた。初代天皇神武天皇[じんむ]は、この神の子であるとされる。対馬は海幸彦・山幸彦神話の発祥地ともいわれ、日本の建国神話にもかかわっているのだ。

　社殿の裏には豊玉姫の霊石が祀[まつ]られ、社前には磯良エベスという磐座[いわくら]がある。磯良は鵜茅葺不合尊の別名というういわれもある。

神道の源流になった天道信仰

　対馬には神社神道にはない「テンドウ」という神があり、素朴な民俗信仰として伝承されている。天童はお日様(太陽)の子の意味。天道(天童)信仰はお日様と穀物霊を御神体としたもので、ここから祭りへと進化し、神道の原点が形成されたともいわれる。

　厳原町南部にある龍良山原始林[たてら]は、古くから天道信仰の聖地として崇拝され、入山や伐採を禁止しながら守られてきた。山中には、石積みされた天道法師の塔や祠がある。太古の照葉樹が残る原始林は、まさに信仰の聖地にふさわしく、異境[いきょう]の風が吹いているように感じられる。

上県と下県で対(ペア)をなす神様

　対馬の上県と下県は律令時代から対(ペア)をなす土地だからなのか、神を祀った神社が同じように対の位置にある。たとえば高御産尊と神御産尊[かみむすびのかみ]*3を祀る神社が下県(厳原町豆酘の高御魂神社)と上県(佐護の神御魂神社)にある。両神は対をなす神であり一般的には高御産尊が男神、神御産尊が女神とされる。

　またその両神社そばには天神多久頭魂命[たくづたまのみこと]を祀る多久頭魂[たくづだま]神社が対をなしている。

天道童子の母　内院女御(うつろ舟伝説)

　龍良山のある厳原町の内院[ないいん]の浜に漂着した舟に乗っていた女性が、朝日に感精してはらんだ男児が天道童子だという伝説が残る。

内院女御の墓石の伝承をもつ宝篋印塔

参考文献　『対馬古代史論集』永留久恵(名著出版)　『海人たちの足跡』永留久恵(白水社)
『長崎県の歴史』(山川出版社)　『図説　長崎県の歴史』(河出書房新社)
『長崎県と朝鮮半島』(長崎県教育委員会)　『長崎県文化百選　壱岐・対馬編』(長崎新聞社)
『日本の神様がわかる本』戸部民夫(PHP研究所)

第2章

いまに息づく祈りと信仰

子孫へ大切に受け継がれる民俗・風習

神々の島「対馬」には、土俗的な民俗信仰、神話にまつわる信仰、大陸文化の影響を受けた信仰など、古代から島独自の祈りの姿がさまざまあった。こうした信仰をよりどころとして神々と共存する対馬の人々は、日々の営みの中で神事や祭りをおこない、子から孫へ大切に受け継いできたのである。

対馬から朝廷へト部輩出

中央に分霊した神を祀る高御魂[たかみむすび]神社や多久頭魂[たくづだま]神社がある豆酘[つつ]では、亀卜[きぼく]*³がおこなわれ、天道信仰の中心地であった。8世紀初頭、大和朝廷に仕えるト部[うらべ]*⁴は全国から20人が任命されたが、そのうち対馬から10人、壱岐から5人が出仕し朝廷の祭儀をおこなった。つまり、対馬から神々が移動し、朝廷の祭祀に対馬人が仕え、重要な役割を担っていたといえる。

亀卜（厳原町郷土館蔵）①

神話が語る「対馬」誕生!

『古事記』に記された国生み伝説によると、天上界に住んでいた神々は、イザナギ（男神）イザナミ（女神）に下界の地を固め治めよと命じた。2人の神が天の浮橋から沼矛[めぼこ]（刀剣）で海をかきまわすと、引き上げた沼矛から落ちた塩が固まり、「大八島国[おおやしまくに]」が生まれた。それが淡路島、四国、隠岐、九州、壱岐、対馬、佐渡、本州である。

門外不出の吉凶占い　卜占と亀卜神事

卜占は豆酘（対馬の南西端）など天道信仰の中心地でおこなわれた神聖な儀式。日本では対馬が本流で、中国大陸から朝鮮半島を経て伝播したといわれる。ヤマト政権時代に天下国家を占った壮大な儀式を、世襲の卜部が口伝の秘儀として、天道信仰とともに大切に伝承してきた。その由緒を対馬藩の雨森芳洲も自著の中で記している。草場佩川の『津島日記』には、府内（厳原）の卜部が土御門家*¹からの伝授の要請に対し、秘伝を理由に断った逸話もあり、門外不出にこだわった対馬の卜部の気概と誇りがつたわってくる。亀卜神事は、明治4年（1871）まで年頭の対馬藩公式行事として豆酘の雷神社でおこなわれてきたが、現在は同神社のサンゾーロー祭りの中で豆酘の岩佐家がつたえている。

卜占と亀卜神事Ⓚ

稲作伝来の地で継承される赤米神事

対馬の人々は赤褐色の特殊な品種の「赤米」を神田で耕作し、収穫された米を御神体（テンドウサマ）として、毎年一定人数の頭仲間*²で受け渡す神事を伝承してきた。この祭祀の源流は中国の長江流域以南の古代文化にあるとされるが、対馬では穀物を御神体とする天道信仰の中心であった豆酘だけに長く受け継がれてきた。その理由は、稲作伝来の地として、信仰の対象となる神霊を稲の原生種といわれる赤米に求めたこと。神事は年間を通して厳しい戒律を守りながら子々孫々に受け継がれてきたが、残念ながら現在は伝承する頭仲間が一軒のみとなり、伝承の継続が危ぶまれている。

赤米の頭屋神事Ⓚ

＊1　土御門家／陰陽師安倍氏の末裔。江戸時代は京都で将軍宣下の儀式の祈祷をおこなった。
＊2　頭仲間／輪番で世話する宿（家）。昭和30年代は20軒ほどあった。
＊3　亀卜／獣骨や亀の甲羅を使った卜占[ぼくせん]。ひびの入り方によって吉凶を占う。
＊4　卜部／ヤマト政権下で、卜占を使い天下国家の吉凶を占う役人。①対馬観光物産協会提供　Ⓚ國分英俊氏撮影　ⒾInaho撮影

対馬の盆踊り

　対馬の盆踊りは、盂蘭盆会に先祖供養のため、決められた場所で奉納された。起源は不明だが15世紀末頃にはじまり、もともとは農家の長男が列を組んで踊る男踊りで通過儀礼的要素があり、江戸時代に入ると娯楽的な見せ踊りが多く伝来し融合していった。見せ踊りに合わせて歌われる盆踊り唄も次第に増え、奉納踊りを原則にしながらも、集落ごとに大勢の人々が派手な衣装で楽しむ一大年中行事へ変化していった。

この盆踊りは昭和のはじめごろまで島内のほとんどの地区でにぎやかにおこなわれた。

厳原町阿連[あれ]の盆踊り⑱

『忘れられた日本人』に描かれた "伝承エネルギー"

　民俗学者の宮本常一は、昭和25・26年（1950・1951）に実施された九学会連合の対馬総合調査に参加し、その内容の一部を『忘れられた日本人』に記している。

　それによると、対馬では早くから自治が成立していたとしている。対馬北端に近い西海岸の伊奈村の寄り合いを調査した際、村に昔からつたわる帳箱に入った古文書には約200年前頃からの村の決め事や申し合わせの記録が記されていたという。ほかの村々にも同様にきちんと保管され、400年以上前の古文書もあったそうだ。

　また、昭和26年の調査では、対馬北部の佐須奈で民謡を聴き、村の娘たちの歌舞伎踊りを見学した。その夜には、老女たちと口説という盆踊りの一節や歌舞伎関係の歌に興じているが、その様子を《対馬は盆踊りの盛んなところで大てい各浦に盆踊りがあり、その中で歌舞伎の一こまもやり、盆踊りの場が民謡など身につける重要な機会の一つになっているのである》と記している。

　対馬の津々浦々に暮らす人々との出会いの中に、常一は記録と記憶によって文化を伝承していく、あふれんばかりのエネルギーを感じたにちがいない。

港口に建つ浅藻港開港記念碑⑦

浅藻港を開いた梶田富五郎翁

　宮本常一は、対馬南端の豆酘浅藻[あざも]に住む当時82歳の梶田富五郎翁を訪れ、富五郎翁の語る素朴なむかし話を『忘れられた日本人』に掲載した。富五郎翁は明治9年（1876）に山口県の久賀[くが]から漁師として移住し、船に石を吊るして除去する気の遠くなるような浅藻港づくりに参加し、港の整備をおこなった。この話は高校現代国語の教科書にも取りあげられたことがある。

　また富五郎翁は、明治5年（1872）に大風が吹いて久賀の漁師44人が沖に流され亡くなったとき、豆酘の永泉寺[えいせんじ]で供養してくれたと、対馬の人々の優しい気質についても触れている。

『忘れられた日本人』表紙⑦

参考文献　『対馬古代史論集』永留久恵(名著出版)　『海人たちの足跡』永留久恵(白水社)　『長崎県の歴史』(山川出版社)
『図説　長崎県の歴史』(河出書房新社)　『長崎県と朝鮮半島』(長崎県教育委員会)
『長崎県文化百選　壱岐・対馬編』(長崎新聞社)　『忘れられた日本人』宮本常一(岩波文庫)
『神々と人のふれあい』立平進(ろうきんブックレット3)　『対馬新考　日韓交流「宝の島」を開く』嶋村初吉編著(梓書院)

―海を渡って― 文化を運ぶ人々

立平　進　長崎国際大学教授　　*Tatehira Susumu*

日本列島に最初に移り住んだ人々は、旧石器時代からであったと考えられている。次の時代の縄文時代は、約一万年もの長い時間になるが日本列島内部に終始したと見られている。さらに弥生時代に大きな変革の時期があるのは大陸から多くの人々が渡来してきたからだと考えられている。その人々は稲や鉄を持つ文化を、海を渡って、日本列島へ伝えた人々であった。人が往来して、文物が持ち伝えられて、情報が伝わることになる。文化を運ぶ人々がいたのである。長崎県域には、海から、多くの文物を持つ人々がやってきた歴史がある。

対馬佐護湊に残る筏船。地元では材木［デューモク］船と呼ばれる。
（立平進氏提供）

筏船のこと
いかだふね

弥生時代の交通手段がどんなものであったのかが話題になったことがあった。対馬に残る筏船が、その話題の引き金となったからである。朝鮮海峡を筏で渡ったのでは、というのである。これは済州島に対馬の杉で造
チェジュ

られた筏があることが一因ともなり、原始古代の朝鮮半島との交通関係を彷彿とさせたものである。

徐福の渡来
じょふく

中国秦の時代に数千人の人々が、東海（日本列島方向）へ船出したことが中国の歴史書『史記』に記されている。紀元前220年頃のことである。その中心になった人物が徐福である。日本各地に徐福が渡来したという伝説の地は、約20箇所を越えているのであるが、確実な場所は特定されていない。これが弥生時代の開始につながったと解説する人もいるが、考古学での年代とは合致しないのが現状である。

沖縄の糸満漁師

沖縄の糸満の漁師たちが長崎県の各地にやって来ていたことは、もう忘れられかけている。戦前から、追い込み漁で、小値賀島や平戸島近海で操業していたのである。私は、追い込み漁に使うビロウ樹の若芽を求めて、平戸の阿値賀島へ上陸したという人から話を聞いたことがあった。沖縄の糸満でのことである。
あぢか

瀬戸内海漁民の西海地域への出漁

江戸時代以来、対馬や五島列島近海へやって来た漁師もたくさんいた。私は、その最後

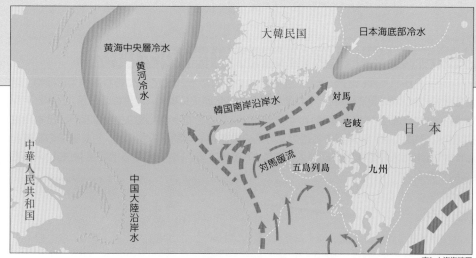

の漁師のことを、山口県の上関で聞くことができた。たった一人で、一本釣り漁船（小型木造船）に乗って、対馬までやって来ていたのである。現在でも、対馬には各地の小型漁船が寄港している。

　これ以外でも、たくさんの人々が海上交通により、長崎県の海域へやって来ていたが、それらの人々は、すべて地元の人々との交流があったはずである。漁師は、船で寝泊りをするが、時々、陸へ上がって知り合いの家で風呂を借りた話などもあり、その時は故郷の話に花が咲いたことだろう。情報の交換がおこなわれる具体的な現場である。

大陸文化の伝播と継承

　中国大陸から朝鮮半島を経由して対馬に伝播したものに、弥生時代の稲作がある。その稲の原生種といわれる赤米を御神体に使った天道信仰の神事が、対馬では古くから伝承されている。また、ユーラシア大陸や中国大陸に起源があるともいわれる亀卜の神事も古代から現代まで継承されてきた。このような大陸文化は、原始古代からの海上交通を使った人々の往来と交流によって運ばれ、やがて対馬の独自の伝統行事となり、長い時間をかけて大切に守り継がれてきたものに違いない。

　これらが海を渡って文化を運んで来た人々の具体的な事例である。原始古代から、このようなことが連綿と続いていたことになるのである。つまり、対馬のみならず、長崎県の地域文化の形成にとって大きな役割を果たしてきたといえる。

赤米の頭屋神事Ⓚ

対馬は生物分布の十字路
時の流れを感じさせる対馬の大自然

豊かな海に抱かれた深い山々、そこに住む動物や昆虫たち、そして山に彩りを添える植物。対馬の自然をつぶさに見ていくと、それぞれが背負った歴史に驚く。対馬はその昔、日本とアジア大陸をつなぐ陸橋[*1]（対馬陸橋）の中にあった。ここを通って大陸の生物は東へ、日本の生物は西へ。対馬には、氷河期の名残の北方系の動植物や大陸系の動植物、対馬暖流の影響ともいわれる南方系の動植物などが入り交じって生息する。「生物分布の十字路」ともいえる貴重な島である。

ヒトツバタゴ

ナンジャモンジャの木といえば知ってるかな？

　大陸系植物の代表格。5月上旬になると、対馬の北端、鰐浦の港付近で、いっせいに真っ白の花をつける。花が海面に白く映し出されるため「ウミテラシ（海照らし）」ともよばれている。国内で大規模な群生が見られるのは鰐浦だけで、現在、自生木だけで約3000本あるとされる。

ヒトツバタゴ①

「野鳥の楽園」対馬

　対馬は、バードウォッチャー憧れの島。厳原町の内山峠は、アカハラダカの渡りの観察地として名高く、8月終わりから10月初めにかけ、数十万羽ともいわれる渡りを見ることができる。また、ツシマコゲラやツシマカケスなど、対馬固有の亜種も観察することができる。

チョウセンヤマツツジ①

チョウセンヤマツツジ

見つけてもそっと見るだけにしてね！

　その名のとおり大陸系のツツジで、国内で見られるのは対馬だけ。4月半ばごろ、大きな淡紫色のやや芳香のある花をつける。白嶽などの山頂部の岩の上や、飼所川の上流部などで見られる。

龍良山原始林

入林するには事前に許可が必要だよ。

图 厳原森林事務所 ☎0920-52-0243　スダジイの巨木

　龍良山は島民の信仰の対象であったため、原始林が手付かずで残っており、縄文のころの荘厳な森の姿を感じることができる。いたるところに巨木が点在し、極めて自然度の高い照葉樹林から射す木漏れ日は、幻想的。登山口から徒歩10分ほどの場所にあるスダジイの巨木はこの森のシンボルとされ、がっちりと地に根を張っている姿には、言葉を失う。

*1　陸橋／昔、陸続きになっていたところ。
*2　野生ネコ／もう一種はイリオモテヤマネコ
①対馬観光物産協会提供　㋴対馬野生生物保護センター提供
㋺川口誠氏撮影　㋷境良朗氏撮影

ツシマヤマネコ

一見カワイイけど、よーく見ると鋭いまなざし

　日本に生息する野生のネコ2種類[*2]のうちの一つで、その姿は、対馬野生生物保護センターで見ることができる。ツシマヤマネコは、約10万年前、陸続きだった大陸から渡ってきたと考えられている。

　主な生息地は比較的標高の低い地域（標高200メートル以下）の広葉樹林の谷間や山腹斜面などで、北部地域の生息密度が高い。近年、大規模伐採や道路・河川の整備などで生息環境が悪化したことに加え、交通事故などが原因となって生息数が減少し、絶滅の危機に瀕している。1960年代の推定生息数は250～300頭だったが、2002～2004年におこなわれた調査では80～110頭へと激減。

ツシマヤマネコ㊙

1980年代　1990年代　2000年代前半

約7～9%減　約9～10%減

100～140頭　90～130頭　80～110頭

■生息メッシュ　■推定メッシュ　※消失メッシュ

ツシマヤマネコの生息数の推移㊙

ツシママテン

ひょこっと道路に姿を見せたら、一旦停止！

ツシマテン㉗

　ときどき路上をひょこひょこと歩いているので、ドライバーは要注意！ イタチ科の動物で、対馬のみに生息している。夏毛は全体に黒っぽく、冬場は頭部の毛が白くなる。このため地元では「わたぼうしかぶり」の愛称で親しまれている。

イエネコとの見分け方

　ツシマヤマネコはイエネコ（ノラネコ）とほぼ同じ大きさかちょっと大きめ。見分ける第一のポイントは耳の後ろにある白い斑紋。このほか、尾が太くて長い、胴長短足、耳の先が丸い、額に褐色と白色の縦縞模様がある、などが特徴だ。

ツシマヤマネコの特徴㊙

アキマドボタル

えっ、秋にホタル？

　対馬では、ホタルの季節は秋。9月から10月にかけて、草地や林の縁、畑の縁などで群れではなく、単独で強い光を放ちながら飛翔する。中国、朝鮮半島などに分布し、日本では対馬にだけ生息する大陸系の珍しい種である。成虫が秋に出現するため、アキマドボタルの名前がついたとされる。

アキマドボタル㊫

環境省
対馬野生生物保護センター
対馬市上県町棹崎公園
【開館時間】10時～16時半
【休館日】毎週月曜日（月曜日が祝祭日の場合は翌日が休館）、年末年始
【入館料】無料
☎0920-84-5577

参考文献　『長崎県文化百選　壱岐・対馬編』（長崎新聞社）　『対馬　照葉樹林の四季』水越武（長崎文献社）
『対馬の巨木と自然』（対馬観光物産協会）
『対馬の自然―対馬の自然と生きものたち―』浦田明夫、國分英俊共著（杉原書店）

対馬は山海の幸の宝庫
大自然が育んだ対馬の味

真っ青な海に深い森が折り重なる島が浮かんでいる——。飛行機の窓から眺める対馬の姿は、鮮やかだ。山が幾重にも連なり、島の面積の約9割を山林が占めるという、まさに「山の幸の宝庫」。沖には対馬暖流がもたらす豊かな漁場に恵まれる。島の暮らしの知恵ともいえる、独自の食文化も生まれた。対馬の「食」には、大自然の恵みと人々の知恵がいっぱいつまっている。

⑦ 対馬観光物産協会
☎0920-52-1566

蜂洞 ⓒ

森のアワビ、対馬しいたけ

山の幸の代表格は何といっても、これ。大陸からの冷たい風を受け、寒暖の差が大きく適度な雨量がある気候条件のもとで育つため、肉厚で香りがよく、味は濃厚。身がしまっていることから「森のアワビ」ともよばれ、極上の品として人気がある。アベマキやコナラの木にしいたけの菌を打ち、栽培されている。

神様の森からの贈りもの、対馬の蜂蜜

対馬を車で走ると、日当たりのよい南向きの山の斜面などに、円筒状の箱が置かれているのを見かける。これが蜂蜜を集める「蜂洞」だ。対馬には、野生のニホンミツバチが生息しており、放浪しながら時間をかけて蜜を集める習性があるため、様々な種類の花の蜜が混ざり合い、風味豊かな蜂蜜がとれる。

対州そば ⓒ

対州そばで、古代の香りを味わう

農地が少なく、米がほとんど採れなかった対馬では、そばが各地で栽培されていた。そもそもそばは、縄文時代の終わりに、中国から朝鮮半島を経て、日本では対馬に初めて伝えられたとの説もある。

風味が豊かで、コシがあるのが特徴。体験であい塾「匠」（厳原町）や対馬ふるさと伝承館（美津島町）、そば道場「あがたの里」（上県町）では、そば打ちが体験できる。

圖 体験であい塾「匠」☎0920-56-0118　対馬ふるさと伝承館☎0920-54-8311　そば道場「あがたの里」☎0920-84-2340
⑦対馬観光物産協会提供　ⓒ小山内恵美子撮影

豪快な漁師料理から始まった石焼

これぞ対馬の海の幸を堪能する料理。漁師が浜辺で捕ったばかりの魚や貝を、焚き火に入れた石の上で焼いたのが始まりという。大きめに切った旬の魚やアワビ、サザエ、季節の野菜、対馬しいたけなどを石英斑岩の上でジュウジュウと焼いて食べる。遠赤外線の効果で魚はふっくらジューシーだ。

石焼 Ⓔ

ろくべえ Ⓔ

プルプルッとした食感が美味
ろくべえ

細かく砕いたサツマイモを発酵させ水にさらすなど、複雑な手順を経てでんぷん質と繊維だけを取り出した「せん」は、対馬に古くから伝わる保存食である。千回も人の手をかけるから、そのような名がついたともいわれる。ろくべえは、「せん」から作った黒っぽい短めの麺に熱いすまし汁をかけたもの。プルプルとした独特の食感と優しいのど越しが、くせになるおいしさだ。

対馬の家庭の味といえばこれ。
カジメの味噌汁とスルメイカ

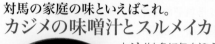
対馬ならではの家庭の味は、カジメの味噌汁とスルメイカだという。

カジメは冬に旬を迎える海藻の一種で、その粘りが特徴だ。味噌汁に細かく刻んで入れると、驚くほどとろみが出て、ふわっと磯の香りが広がる。これ一杯で体が温まり、寒い日の食卓にはぴったり。

カジメの味噌汁 Ⓔ

スルメイカは、軽くあぶってかなづちなどで叩き、しょうゆと砂糖で味付けをして食べる。対馬近海は、日本屈指のイカ漁場で、北海道に次ぐスルメイカの産地。対馬ではご飯のおかずとして食べることが多いとか。

せんだんご Ⓔ

たっぷりの餡にびっくり!
かすまき

カステラの皮で風味豊かなこし餡を包んだ、対馬伝統の銘菓。参勤交代で江戸から無事帰国する対馬藩主を祝い、おいしいものを献上しようと作ったのが始まりとされる。壱岐などにもあるが、対馬のものは長さが短く(約10センチ)、餡の量が多い。

いりやき Ⓔ

大勢で団らんしながら囲む鍋
いりやき

捕れたての旬の魚か地鶏をベースとした鍋料理。特産の対馬しいたけ、野菜などをたっぷり入れて食べる。海・山の幸からおいしい旨みが出て、そのダシで食べるそうめんは最高。具材を焼いてから鍋に入れたため「いりやき」の名がついたとの説があるが、現在は焼かずにそのまま入れるのが一般的。

かすまき Ⓔ

参考文献 『長崎県文化百選 壱岐・対馬編』(長崎新聞社)
『対馬の生活文化史』矢野道子(源流社)
『対馬まる分かり!ガイドマップ』「非日常」in「国境の島」(対馬観光物産協会)

まだまだ見どころ満載
対馬ぐるり一周の旅

対馬をドライブしていると、ふっと島にいることを忘れる。長く続く山道。時折顔を見せる青い海。地域によって植生は異なり、山の印象もだいぶ違う。大きな島だから移動に時間はかかるが、それぞれの地域が異なる表情を見せてくれるし、雄大な自然を満喫できる。ぐるり対馬一周の旅へ出発！

① ポサドニック号芋崎占拠

1 ポサドニック号芋崎占拠

文久元年(1861)、ロシアの軍艦ポサドニック号が浅茅湾の芋崎[いもざき]を不法占拠。イギリスを巻き込む国際問題に発展し、島民2人が犠牲になった。ロシア兵が掘った井戸、石碑が残る。

本編で紹介
できなかった
スポット
ピックアップ

対馬市

豊玉町

美津島町

厳原町

P59-4

2 石屋根

対馬で産出される板状の石で屋根を葺いた高床式の建物で、倉庫として使用されている。厳しい冬の強風から建物を守るために考え出された。 ©

3 万関橋[まんぜきばし]

明治33年(1900)、日本海軍が艦船の通り道として人工的に瀬戸を開削した。明治38年(1905)の日本海海戦では水雷艇部隊がここを通って出撃。日露戦争の勝利に貢献した。(P31参照) ©

＊ 訳官使／対馬藩主の慶弔や外交の実務交渉のため、朝鮮から対馬に派遣された使節。日本語通訳官を正使とした。
① 対馬観光物産協会提供 © 小山内恵美子撮影

P58-1
P59-3
P59-5
6
4 7
8
9

上県町

上対馬町

P58-2

P59-6

6 上県町佐護地区 ⑦

対馬には、北西風に乗って韓国や中国などのごみも漂着する。多くはペットボトルやポリタンク、漁具など。年1回、韓国の大学生ボランティアも参加して清掃活動がおこなわれている。

7 韓国展望所 ⑥

韓国までわずか49.5キロ。天気の良い日には釜山の町並みが望める。釜山～比田勝、釜山～厳原間には高速船が運行し、1時間半～3時間で両都市を結ぶ。

8 豊砲台跡 ⑥

昭和9年(1934)に完成したが、実際に発射されたことはなく、「まぼろしの砲台」とよばれた。海峡をにらみ、戦艦の主砲が据えられていたとされる。兵舎、地下室なども残っている。

4 朝鮮国訳官使*殉難之碑 ⑥

元禄16年(1703)、対馬に向けて釜山を出発した108人乗りの訳官使船が天候急変のため遭難。日朝の善隣外交を支えた訳官使追悼のため、碑が建立された。

5 西の漕手〔こいで〕 ⑥

九州本土から三浦[みうら]湾に来た遣隋使や遣唐使が、船を乗りかえた場所。西の漕手に用意された船で大陸に向かったといわれている。

9 日露友好の丘 ⑦

明治38年(1905)、対馬沖で撃沈されたロシア・バルチック艦隊の水兵143人が上陸。島民が水兵たちに井戸を案内した。記念碑の下には、今も井戸が残る。(P31参照)

参考文献 『長崎県文化百選　壱岐・対馬編』(長崎新聞社)　『対馬ガイドブック』(対馬市、対馬観光物産協会)
『対馬まる分かり!ガイドマップ　「非日常」in「国境の島」』(対馬観光物産協会)
『対馬観光&グルメなび』(対馬観光物産協会ホームページ)

対馬の自然写真館

★位置はP56〜57の地図を参照

1 ヒトツバタゴ ⑦

5月上旬になると、鰐浦[わにうら]の港では、新緑の木々に雪が降ったかのように真っ白の花が咲き乱れ、島内外からの見物客が多く訪れる。

2 舟志のモミジ Ⓜ

対馬の紅葉は11月中旬が見ごろ。舟志地区の川沿いには、イロハモミジやコハウチワカエデなどが自生し、色鮮やかな"モミジ街道"が訪れる人の目を楽しませる。

Ⓜ水越武撮影　Ⓕ長崎県観光連盟提供　⑦対馬観光物産協会提供　Ⓒ小山内恵美子撮影

③ 三宇田海水浴場 Ⓔ

　対馬では珍しい天然白砂の浜。エメラルドグリーンの海はどこまでも透き通り、南国の風情あふれる。
　平成8年(1996)、「日本の渚・百選」のひとつに選ばれた。

④ 豆酘崎（つつざき） Ⓔ

　対馬の西南端にあるこの岬は、朝鮮海峡と対馬海峡を分かつ境界として、古来より大陸へ航行する船の標識となった。断崖の上から眺める景色は爽快だ。

⑤ 網代の漣痕（れんこん） Ⓜ

　水流や気流、波浪がつくり出した自然の芸術。洗濯板のようにデコボコで複雑な幾何学模様になった岩盤は、浅い海底にさざなみが立った状態がそのまま化石になったものである。通称「さざなみの化石」。

⑥ 琴（きん）の大イチョウ

晩秋になると、まるで小判でも撒き散らすかのように黄金色の葉が舞い散る。樹齢1500年ともいわれ、幹周り12.5メートル、樹高40メートル。

Ⓣ

漁火 Ⓑ

　夜になると、対馬の海には点々と宝石のように白い光が浮かぶ。イカ釣り漁船による漁火は、旅情たっぷり。日没後対馬空港を発着する飛行機内からも眺めることができる。

そばの花畑 Ⓣ

　そばの花は、対馬の秋の風物詩。畑が白い花で埋め尽くされ、秋の訪れを告げる。対馬では、ぜひ香り豊かなそばを味わいたい。

参考文献　『長崎県文化百選　壱岐・対馬編』(長崎新聞社)
　　　　　『対馬ガイドブック』(対馬市役所、対馬観光物産協会)

対馬こぼれ話

対馬にはまだまだ知られていない隠れた魅力もいっぱい。歴史書や観光ガイドには載っていない、思わず「へぇー」がとこぼしたくなるお話を集めてみた。

こぼれ話① 明治のグラビアアイドルは対馬出身

　明治時代、清楚な顔立ちで、長い髪を結わずにそのままたらした姿が人気を集めた美女がいた。通称「洗い髪のお妻」。彼女は厳原町中村の出身。本名は安達ツギ（1873-1923）といい、東京で芸妓をしていた。明治25年（1892）、浅草でおこなわれた美人コンテストに出場した際、身支度に時間がかかり、髪を結う時間がなかったために洗い髪のまま写真を撮影したという。当時は日本髪が当たり前だったためその姿は珍しく、美しさも目を惹いて見事2位となった。以後、洗い髪姿をトレードマークにして化粧品の広告に登場するなど活躍した。半井桃水館では、お妻の業績をまとめたパネルが展示されている。

半井桃水館
対馬市厳原町中村584
【開館時間】9〜18時　【休館日】火曜日　【入館料】無料　☎0920-52-2422

＊半井桃水（1861-1926）
　厳原町生まれ。少年時代を釜山の倭館で過ごした。朝日新聞の記者として活躍し、日露戦争にも従軍。明治から大正時代にかけて、大衆小説家として活躍した。5千円札の肖像でおなじみの小説家 樋口一葉の師としても知られる。

洗い髪のお妻（小沢健志氏蔵）Ⓜ

こぼれ話② 対馬は美人の島！

　対馬には美人が多いといわれる。厳原町豆酘には美人ゆえに悲運をたどった一人の女性の伝説がある。豆酘に生まれた村娘の鶴王は美女だったため、都に采女（女官）として奉公にあがるよう求められる。鶴王は老いた母を残して行くことを悲しみ、舌をかんで自ら命を絶ち、死に際にこう言い残した。「これからは豆酘の里に美女が生まれないように……」。このあと、村の娘たちは化粧をしなくなり、着飾ることをやめたという。
　現在、鶴王が自害したとされる場所には、供養のための「美女塚」が建つ。また豆酘には、つぎはぎだらけの着物「ハギトウジン」が伝わるが、これもこの伝説に由来するとの説がある。

ハギトウジン Ⓔ

美女塚 Ⓔ

Ⓝ仁位孝雄氏提供　Ⓜ半井桃水館ポストカードより　Ⓘinaho撮影　Ⓔ小山内恵美子撮影

こぼれ話③ 「があっぱ」って何?

対馬では、カッパのことを「があっぱ」とよぶ。があっぱ伝説は、対馬全島の各地に残り、身近な会話の中にも登場する。「夜遅くまで遊んでいると、があっぱが出るよ」「釣りの帰り、があっぱが出て川に引き込まれ、釣った魚をとられた」などなど。があっぱにまつわる話は、数え切れない。

対馬藩士中川延良が対馬の伝承などをまとめた『楽郊紀聞』には、カッパが「河虎」の表記で登場する。一方、昭和60年(1985)、厳原町久田で「カッパが出た」との噂が広がり、町役場や警察も出動する騒動が起きた。があっぱの足跡らしきものを調べたものの、結局正体は分からず。こんな珍事が起きるのも、歴史と自然の豊かな対馬ならでは?

こぼれ話④ 加藤清正ゆかりのミヤマキリシマ

文禄・慶長の役で朝鮮に出兵した加藤清正が植えたとされるミヤマキリシマが、上県町西津屋の西光寺の境内にある。ミヤマキリシマは清正ゆかりのものとして、地元の住民によって大事に守られてきた。毎年4月20日ごろ、燃えるような赤い花を咲かせる。

地元住民の協力により、平成20年(2008)、このミヤマキリシマの挿し木から作った苗が、清正をまつる熊本市の本妙寺と加藤神社に移植された。

加藤清正ゆかりのミヤマキリシマⓃ

こぼれ話⑤ 「城下に行く」って?

対馬の広さをあなどるなかれ。南北に82キロと細長く、車で走ると3時間以上かかる。島の大きさでは佐渡、奄美大島についで日本3番目だ。対馬の人たちは、島の地域を「上」「下」でよび、また、島の中心 厳原に行くことを古い言い回しで「城下に行く」と言うそうだ。

一方、歴史的観点で見ると、対馬は東西で大きく二分される。西側は古代の名残が色濃く、今も多くの史跡が残る。一方東側には、漁業などのため島原半島や岡山県など瀬戸内地方から移ってきた人が多く住む。言葉も地域によって異なり、対馬の文化の奥深さは尽きることがない。

こんな地元ならではのお話を紹介してくれたのは、この人。
【仁位孝雄さん】

＊プロフィール＊
1940年対馬生まれ。対馬での勤務も長く、97年から2年間は長崎県対馬支庁長を務める。現在、県美術協会監事、対馬日韓交流写真協会顧問。長年対馬の写真を撮り続け、写真展「朝鮮通信使の道」を韓国・釜山や長崎市、熊本市などで開催。09年、韓国外交通商部から長官表彰を受けた。

参考文献 『半井桃水館ポストカード』(半井桃水館) 『楽郊紀聞2』鈴木棠三校注(平凡社／東洋文庫)
『読売新聞長崎版』08年5月16日 『望郷 対馬』竹内重夫(杉屋書店)
『観光ガイドブック 対馬』仁位孝雄監修(杉屋書店) 『対馬ガイドブック』(対馬市役所、対馬観光物産協会)
『長崎県文化百選 壱岐・対馬編』(長崎新聞社)

神島
中ノ島
豊玉町
小松崎
シゲノダン
郷崎　ヌカシ遺跡　唐崎遺跡
尾崎　　　　　　　　　　　　　　加志々中　対馬市豊玉
水崎遺跡　　　　　　　　　　　　　豊玉町
今里　　土寄崎　　　　　　　　和多都美神社
阿連　　　　　　　芋崎　　　対馬市
今里中　　　　　　　　　烏帽子岳
そばの花畑　　　　　　　　　　　嵯峨
太祝詞神社　加志　城山　鋸割岩　浅茅湾
小茂田浜神社　　　　金田城跡　　　　島山島
対馬市佐須出張所　　大吉戸神社　竹敷　　浅
矢立山古墳　白嶽　　黒瀬銅造如来坐像収蔵庫　西の漕
石屋根　体験であい塾「匠」　　　　　　　対馬ふるさと伝承館
銀山神社　法清寺　　黒土山　　　　　　　　　対馬空港　万関橋
厳原町　　　　　椎根　　前嶽　　　　　　　出居塚古墳　　三
　　　　　　　　　　　　　紅葉山　　根曽古墳群　かがり松鼻遺跡
　　　　　　　　　　　　対馬市美津島支所　　　　　ヨ
銀山上神社　　　久根浜　雛知　上見坂園地　大船越中　ボ
　　　　　　　佐須瀬　　　　　　　　　網掛崎　シ
　　　　　　　矢立山　　　　　　　厳原中　　　　**美津島町**　瀬
美女塚　　　　有明山　対馬高
永泉寺　　龍良山原始林　　厳原港　大梶崎
対馬市豆酘出張所　多久頭魂神社　アカハラダカ　　久田中　清水山城跡
豆酘崎　　　龍良中　観測地　対馬市役所　八幡宮神社
豆酘崎灯台　　　萱場山　対馬藩お船江跡　　　対馬博物館
豆酘湾　　　　　　　　　尾浦浦　　　　　　　長崎県対馬歴史研究センター
浅藻　　内院宝篋印塔　　大崎　　　　　　　万松院・対馬藩主宗家墓所
神崎　　内院浦　竜ノ崎　　　　　　　　　金石城跡
　　　　内院島　　　　　　　　　　　　　厳原町郷土館
　　　　　　　　　　　　　　　　　　　　半井桃水館

対馬市
壱岐市
長崎県
平戸市　　松浦市　**佐賀県**
佐世保市
新上五島町　西海市　大村市
　　　　　諫早市　雲仙市
　　　　長崎市　島原市
五島市　　　南島原市

対馬市 旅ながマップ

【対馬の地名】
これ、何と読むの？

① 網代　　　　⑪ 唐洲

② 五根緒　　　⑫ 千尋藻

③ 唐舟志　　　⑬ 久須保

④ 比田勝　　　⑭ 雞知

⑤ 鰐浦　　　　⑮ 濃部

⑥ 女連　　　　⑯ 阿連

⑦ 志多留　　　⑰ 久根田舎

⑧ 御園　　　　⑱ 上槻

⑨ 佐賀　　　　⑲ 桟原

⑩ 貝鮒　　　　⑳ 天道茂

答え
①あじろ　②ごねお　③とうじゅうし　④ひたかつ　⑤わにうら　⑥うなつら　⑦したる　⑧みそ　⑨さか　⑩かいふな
⑪からす　⑫ちろも　⑬くすぼ　⑭けち　⑮のぶ　⑯あれ　⑰くねいなか　⑱こうつき　⑲さじきばら　⑳てんどうしげ

【資料提供・取材協力】

■対馬市	■京都大学総合博物館	■永留久恵
■対馬市教育委員会	■九州大学附属図書館	■小松勝助
■対馬観光物産協会	■万松院	■國分英俊
■対馬野生生物保護センター	■長松寺	■立平進
■長崎県対馬歴史研究センター	■木坂海神神社	■仁位孝雄
■長崎歴史文化博物館	■黒瀬観音堂	■水越武
■長崎県観光連盟	■法清寺	■早田和文
■国立公文書館	■埼玉県白岡町教育委員会	（順不同、敬称略）
■九州国立博物館		

旅する長崎学12　海の道II 対馬 朝鮮外交への道
海神の島　大陸交流のかけ橋

発　行　日	2009年4月30日　初版	2009年7月20日　第2刷発行
	2011年1月25日　第3刷発行	2013年1月15日　第4刷発行
	2015年9月25日　第5刷発行	2018年11月20日　第6刷発行
	2023年5月30日　第7刷発行	

企　　　画	長崎県
アドバイザー	ながさき歴史発見・発信プロジェクト推進会議（座長：市川森一）
発　行　人	片山仁志
編集・発行	株式会社　長崎文献社 〒850-0057　長崎市大黒町3-1-5F TEL095-823-5247　FAX 095-823-5252 URL https://www.e-bunken.com
編　集　人	堀憲昭
構　成・文	小川内清孝　小山内恵美子　大浦由美子
デ ザ イ ン 地図デザイン	有限会社　パームスリー ミート・デザイン工房
印　　　刷	株式会社　インテックス

© 2009 Nagasaki Bunkensha, Printed in Japan
ISBN978-4-88851-390-6 C0021

長崎県の歴史と旅の遊学サイト

長崎県の歴史・文化の魅力が満載「たびなが」！新しい長崎を発見しませんか。

日本遺産「国境の島」

長崎を、世界に誇れるリゾートに。

隈研吾建築都市設計事務所 × ガーデンテラス長崎 ホテル＆リゾート

上質な空間とホスピタリティで、ワンランク上の優雅なひと時を。

**ガーデンテラス長崎
ホテル＆リゾート**
長崎県長崎市

**ロイヤルチェスター長崎
ホテル＆リトリート**
長崎県長崎市

あぐりの丘リゾート
グランピングリゾート グランゾ長崎
長崎県長崎市

**ホテルフラッグス
諫早**
長崎県諫早市

**ホテルフラッグス
九十九島**
長崎県佐世保市

**九十九島シーサイドテラス
ホテル＆スパ 花みずき**
長崎県佐世保市

**五島コンカナ王国
ワイナリー＆リゾート**
長崎県五島市

うらり武雄
ガーデンテラススパリゾート
佐賀県武雄市

**ガーデンテラス佐賀
ホテル＆リゾート**
佐賀県佐賀市

**ガーデンテラス福岡
ホテル＆リゾート**
福岡県福岡市

メモリードグループのガーデンテラスホテルズ（九州地区）

株式会社 メモリード

https://www.memolead.co.jp

むぎ焼酎発祥の地『壱岐』

歴史の島、伝統の味
本格焼酎

世界が認めた壱岐焼酎

むぎ焼酎 壱岐「松永安左エ門翁」・「瀧泉」・「壱岐オールド」は、2010年モンド・セレクションにおいて、最高金賞(グランド・ゴールドメダル)を受賞しました。

松永安左エ門翁
720㎖ 43度

スーパーゴールド22
720㎖ 22度

むぎ焼酎 壱岐
1800㎖ 25度

むぎ焼酎 壱岐は、これからも商品の品質向上に努め、皆様のご期待にお応えすべく、一段の努力と挑戦を続けてまいります。

壱岐 醸造元 玄海酒造株式会社　〒811-5125 長崎県壱岐市郷ノ浦町志原西触550-1　TEL.0920-47-0160／FAX.0920-47-0211
代表取締役会長 山内賢明　　代表取締役社長 山内昭人　　常務取締役 山内博達

www.mugishochu-iki.com

旅する長崎学 全21巻完結

歴史ガイドブック『旅する長崎学』は、長崎県が推進する『歴史発見・発信プロジェクト』から誕生しました。長崎の歴史・文化の魅力が満載の4つのシリーズで展開しています。

全巻A5判 並製／64ページ
（価格は税別）

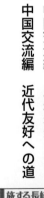

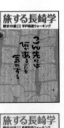

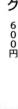
長崎文献社

〒850-0057 長崎市大黒町 3-1-5F
TEL 095-823-5247　FAX 095-823-5252
https://www.e-bunken.com